QUIRGUIZ

VOCABULÁRIO

PORTUGUÊS
QUIRGUIZ

Para alargar o seu léxico e apurar
as suas competências linguísticas

3000 palavras

Vocabulário Português-Quirguiz - 3000 palavras

Por Andrey Taranov

Os vocabulários da T&P Books destinam-se a ajudar a aprender, a memorizar, e a rever palavras estrangeiras. O dicionário é dividido em temas, cobrindo todas as principais esferas de atividades quotidianas, negócios, ciência, cultura, etc.

O processo de aprendizagem, utilizando os dicionários baseados em temáticas da T&P Books dá-lhe as seguintes vantagens:

- Informação de origem corretamente agrupada predetermina o sucesso em fases subsequentes da memorização de palavras
- Disponibilização de palavras derivadas da mesma raiz, o que permite a memorização de unidades de texto (em vez de palavras separadas)
- Pequenas unidades de palavras facilitam o processo de estabelecimento de vínculos associativos necessários para a consolidação do vocabulário
- O nível de conhecimento da língua pode ser estimado pelo número de palavras aprendidas

T&P Books Publishing
www.tpbooks.com

ISBN: 978-1-78767-052-5

Este livro também está disponível em formato E-book.
Por favor visite www.tpbooks.com ou as principais livrarias on-line.

VOCABULÁRIO QUIRGUIZ
palavras mais úteis

Os vocabulários da T&P Books destinam-se a ajudar a aprender, a memorizar, e a rever palavras estrangeiras. O vocabulário contém mais de 3000 palavras de uso comum organizadas tematicamente.

O vocabulário contém as palavras mais comummente usadas
Recomendado como adicional para qualquer curso de línguas
Satisfaz as necessidades dos iniciados e dos alunos avançados de línguas estrangeiras
Conveniente para o uso diário, sessões de revisão e atividades de auto-teste
Permite avaliar o seu vocabulário

Características especias do vocabulário

- As palavras estão organizadas de acordo com o seu significado, e não por ordem alfabética
- As palavras são apresentadas em três colunas para facilitar os processos de revisão e auto-teste
- As palavras compostas são divididas em pequenos blocos para facilitar o processo de aprendizagem
- O vocabulário oferece uma transcrição simples e adequada de cada palavra estrangeira

O vocabulário contém 101 tópicos incluindo:

Conceitos básicos, Números, Cores, Meses, Estações do ano, Unidades de medida, Roupas & Acessórios, Alimentos & Nutrição, Restaurante, Membros da Família, Parentes, Caráter, Sentimentos, Emoções, Doenças, Cidade, Passeios, Compras, Dinheiro, Casa, Lar, Escritório, Trabalho no Escritório, Importação & Exportação, Marketing, Pesquisa de Emprego, Desportos, Educação, Computador, Internet, Ferramentas, Natureza, Países, Nacionalidades e muito mais ...

TABELA DE CONTEÚDOS

GUIA DE PRONUNCIAÇÃO

Alfabeto fonético T&P	Exemplo quirguiz	Exemplo Português
[a]	манжа [mandʒa]	chamar
[e]	келечек [keletʃek]	metal
[i]	жигит [dʒigit]	sinónimo
[ı]	кубаныч [kubanıtʃ]	sinónimo
[o]	мактоо [maktoo]	lobo
[u]	узундук [uzunduk]	bonita
[ʉ]	алюминий [alʉminij]	nacional
[y]	түнкү [tynky]	questionar
[b]	ашкабак [aʃkabak]	barril
[d]	адам [adam]	dentista
[dʒ]	жыгач [dʒıgatʃ]	adjetivo
[f]	флейта [flejta]	safári
[g]	тегерек [tegerek]	gosto
[j]	бөйрөк [bøjrøk]	géiser
[k]	карапа [karapa]	kiwi
[l]	алтын [altın]	libra
[m]	бешмант [beʃmant]	magnólia
[n]	найза [najza]	natureza
[ŋ]	булуң [buluŋ]	alcançar
[p]	пайдубал [pajdubal]	presente
[r]	рахмат [raχmat]	riscar
[s]	сагызган [sagızgan]	sanita
[ʃ]	бурулуш [buruluʃ]	mês
[t]	түтүн [tytyn]	tulipa
[χ]	пахтадан [paχtadan]	spagnolo - Juan
[ts]	шприц [ʃprits]	tsé-tsé
[tʃ]	биринчи [birintʃi]	Tchau!
[v]	квартал [kvartal]	fava
[z]	казуу [kazuu]	sésamo
[ʲ]	руль, актёр [rulʲ, aktʲor]	sinal de palatalização
[ˮ]	объектив [obˮjektiv]	sinal forte

ABREVIATURAS
usadas no vocabulário

Abreviaturas do Português

adj	-	adjetivo
adv	-	advérbio
anim.	-	animado
conj.	-	conjunção
desp.	-	desporto
etc.	-	etecetra
ex.	-	por exemplo
f	-	nome feminino
f pl	-	feminino plural
fem.	-	feminino
inanim.	-	inanimado
m	-	nome masculino
m pl	-	masculino plural
m, f	-	masculino, feminino
masc.	-	masculino
mat.	-	matemática
mil.	-	militar
pl	-	plural
prep.	-	preposição
pron.	-	pronome
sb.	-	sobre
sing.	-	singular
v aux	-	verbo auxiliar
vi	-	verbo intransitivo
vi, vt	-	verbo intransitivo, transitivo
vr	-	verbo reflexivo
vt	-	verbo transitivo

CONCEITOS BÁSICOS

1. Pronomes

eu	мен, мага	men, maga
tu	сен	sen
ele, ela	ал	al
eles, elas	алар	alar

2. Cumprimentos. Saudações

Olá!	Салам!	salam!
Bom dia! (formal)	Саламатсызбы!	salamatsızbı!
Bom dia! (de manhã)	Кутман таңыңыз менен!	kutman taŋıŋız menen!
Boa tarde!	Кутман күнүңүз менен!	kutman kynyŋyz menen!
Boa noite!	Кутман кечиңиз менен!	kutman ketʃiŋiz menen!
cumprimentar (vt)	учурашуу	utʃuraʃuu
Olá!	Кандай!	kandaj!
saudação (f)	салам	salam
saudar (vt)	саламдашуу	salamdaʃuu
Como vai?	Иштериңиз кандай?	iʃteriŋiz kandaj?
Como vais?	Иштер кандай?	iʃter kandaj?
O que há de novo?	Эмне жаңылык?	emne dʒaŋılık?
Até à vista!	Көрүшкөнче!	køryʃkøntʃø!
Até breve!	Эмки жолукканга чейин!	emki dʒolukkanga tʃejin!
Adeus! (sing.)	Кош бол!	koʃ bol!
Adeus! (pl)	Кош болуңуз!	koʃ boluŋuz!
despedir-se (vr)	коштошуу	koʃtoʃuu
Até logo!	Жакшы кал!	dʒakʃı kal!
Obrigado! -a!	Рахмат!	raχmat!
Muito obrigado! -a!	Чоң рахмат!	tʃoŋ raχmat!
De nada	Эч нерсе эмес	etʃ nerse emes
Não tem de quê	Алкышка арзыбайт	alkıʃka arzıbajt
De nada	Эчтеке эмес.	etʃteke emes
Desculpa!	Кечир!	ketʃir!
Desculpe!	Кечирип коюңузчу!	ketʃirip kojuŋuztʃu!
desculpar (vt)	кечирүү	ketʃiryy
desculpar-se (vr)	кечирим суроо	ketʃirim suroo
As minhas desculpas	Кечирим сурайм.	ketʃirim surajm
Desculpe!	Кечиресиз!	ketʃiresiz!
perdoar (vt)	кечирүү	ketʃiryy
Não faz mal	Эч капачылык жок.	etʃ kapatʃılık dʒok
por favor	суранам	suranam

Não se esqueça!	Унутуп калбаңыз!	unutup kalbaŋız!
Certamente! Claro!	Албетте!	albette!
Claro que não!	Албетте жок!	albette dʒok!
Está bem! De acordo!	Макул!	makul!
Basta!	Жетишет!	dʒetiʃet!

3. Questões

Quem?	Ким?	kim?
Que?	Эмне?	emne?
Onde?	Каерде?	kaerde?
Para onde?	Каяка?	kajaka?
De onde?	Каяктан?	kajaktan?

Quando?	Качан?	katʃan?
Para quê?	Эмне үчүн?	emne ytʃyn?
Porquê?	Эмнеге?	emnege?

Para quê?	Кайсы керекке?	kajsı kerekke?
Como?	Кандай?	kandaj?
Qual?	Кайсы?	kajsı?
Qual? (entre dois ou mais)	Кайсынысы?	kajsınısı?

A quem?	Кимге?	kimge?
Sobre quem?	Ким жөнүндө?	kim dʒønyndø?
Do quê?	Эмне жөнүндө?	emne dʒønyndø?
Com quem?	Ким менен?	kim menen?

Quanto, -os, -as?	Канча?	kantʃa?
De quem? (masc.)	Кимдики?	kimdiki?
De quem é? (fem.)	Кимдики?	kimdiki?
De quem são? (pl)	Кимдердики?	kimderdiki?

4. Preposições

com (prep.)	менен	menen
sem (prep.)	-сыз, -сиз	-sız, -siz
a, para (exprime lugar)	... көздөй	... køzdøj
sobre (ex. falar ~)	... жөнүндө	... dʒønyndø

antes de ...	... астында	... astında
diante de ...	... алдында	... aldında

sob (debaixo de)	... астында	... astında
sobre (em cima de)	... өйдө	... øjdø
sobre (~ a mesa)	... үстүндө	... ystyndø

de (vir ~ Lisboa)	-дан	-dan
de (feito ~ pedra)	-дан	-dan

dentro de (~ dez minutos)	... ичинде	... itʃinde
por cima de ...	... үстүнөн	... ystynøn

5. Palavras funcionais. Advérbios. Parte 1

Onde?	Каерде?	kaerde?
aqui	бул жерде	bul dʒerde
lá, ali	тээтигил жакта	teetigil dʒakta
em algum lugar	бир жерде	bir dʒerde
em lugar nenhum	эч жакта	etʃ dʒakta
ao pé de ...	... жанында	... dʒanında
ao pé da janela	терезенин жанында	terezenin dʒanında
Para onde?	Каяка?	kajaka?
para cá	бери	beri
para lá	нары	narı
daqui	бул жерден	bul dʒerden
de lá, dali	тигил жерден	tigil dʒerden
perto	жакын	dʒakın
longe	алыс	alıs
perto de ...	... тегерегинде	... tegereginde
ao lado de	жакын арада	dʒakın arada
perto, não fica longe	алыс эмес	alıs emes
esquerdo	сол	sol
à esquerda	сол жакта	sol dʒakta
para esquerda	солго	solgo
direito	оң	oŋ
à direita	оң жакта	oŋ dʒakta
para direita	оңго	oŋgo
à frente	астыда	astıda
da frente	алдыңкы	aldıŋkı
em frente (para a frente)	алдыга	aldıga
atrás de ...	артында	artında
por detrás (vir ~)	артынан	artınan
para trás	артка	artka
meio (m), metade (f)	ортосу	ortosu
no meio	ортосунда	ortosunda
de lado	капталында	kaptalında
em todo lugar	бүт жерде	byt dʒerde
ao redor (olhar ~)	айланасында	ajlanasında
de dentro	ичинде	itʃinde
para algum lugar	бир жерде	bir dʒerde
diretamente	түз	tyz
de volta	кайра	kajra
de algum lugar	бир жерден	bir dʒerden
de um lugar	бир жактан	bir dʒaktan

em primeiro lugar	биринчиден	birintʃiden
em segundo lugar	экинчиден	ekintʃiden
em terceiro lugar	үчүнчүдөн	ytʃyntʃydøn

de repente	күтпөгөн жерден	kytpøgøn dʒerden
no início	башында	baʃında
pela primeira vez	биринчи жолу	birintʃi dʒolu
muito antes de ...	... алдында	... aldında
de novo, novamente	башынан	baʃınan
para sempre	түбөлүккө	tybølykkø

nunca	эч качан	etʃ katʃan
de novo	кайра	kajra
agora	эми	emi
frequentemente	көпчүлүк учурда	køptʃylyk utʃurda
então	анда	anda
urgentemente	тезинен	tezinen
usualmente	көбүнчө	købyntʃø

a propósito, ...	баса, ...	basa, ...
é possível	мүмкүн	mymkyn
provavelmente	балким	balkim
talvez	ыктымал	ıktımal
além disso, ...	андан тышкары, ...	andan tıʃkarı, ...
por isso ...	ошондуктан ...	oʃonduktan ...
apesar de ...	... карабастан	... karabastan
graças a ...	... күчү менен	... kytʃy menen

que (pron.)	эмне	emne
que (conj.)	эмне	emne
algo	бир нерсе	bir nerse
alguma coisa	бир нерсе	bir nerse
nada	эч нерсе	etʃ nerse

quem	ким	kim
alguém (~ teve uma ideia ...)	кимдир бирөө	kimdir birøø
alguém	бирөө жарым	birøø dʒarım

ninguém	эч ким	etʃ kim
para lugar nenhum	эч жака	etʃ dʒaka
de ninguém	эч кимдики	etʃ kimdiki
de alguém	бирөөнүкү	birøønyky

tão	эми	emi
também (gostaria ~ de ...)	ошондой эле	oʃondoj ele
também (~ eu)	дагы	dagı

6. Palavras funcionais. Advérbios. Parte 2

Porquê?	Эмнеге?	emnege?
por alguma razão	эмнегедир	emnegedir
porque ...	... себептен	... sebepten
por qualquer razão	эмне үчүндүр	emne ytʃyndyr
e (tu ~ eu)	жана	dʒana

ou (ser ~ não ser)	же	dʒe
mas (porém)	бирок	birok
para (~ a minha mãe)	үчүн	ytʃyn
demasiado, muito	өтө эле	øtø ele
só, somente	азыр эле	azır ele
exatamente	так	tak
cerca de (~ 10 kg)	болжол менен	boldʒol menen
aproximadamente	болжол менен	boldʒol menen
aproximado	болжолдуу	boldʒolduu
quase	дээрлик	deerlik
resto (m)	калганы	kalganı
o outro (segundo)	башка	baʃka
outro	башка бөлөк	baʃka bøløk
cada	ар бири	ar biri
qualquer	баардык	baardık
muito	көп	køp
muitas pessoas	көбү	køby
todos	баары	baarı
em troca de ...	... алмашуу	... almaʃuu
em troca	ордуна	orduna
à mão	колго	kolgo
pouco provável	ишенүүгө болбойт	iʃenyygø bolbojt
provavelmente	балким	balkim
de propósito	атайын	atajın
por acidente	кокустан	kokustan
muito	аябай	ajabaj
por exemplo	мисалы	misalı
entre	ортосунда	ortosunda
entre (no meio de)	арасында	arasında
tanto	ошончо	oʃontʃo
especialmente	өзгөчө	øzgøtʃø

NÚMEROS. DIVERSOS

7. Números cardinais. Parte 1

zero	нөл	nøl
um	бир	bir
dois	эки	eki
três	үч	ytʃ
quatro	төрт	tørt
cinco	беш	beʃ
seis	алты	altı
sete	жети	dʒeti
oito	сегиз	segiz
nove	тогуз	toguz
dez	он	on
onze	он бир	on bir
doze	он эки	on eki
treze	он үч	on ytʃ
catorze	он төрт	on tørt
quinze	он беш	on beʃ
dezasseis	он алты	on altı
dezassete	он жети	on dʒeti
dezoito	он сегиз	on segiz
dezanove	он тогуз	on toguz
vinte	жыйырма	dʒıjırma
vinte e um	жыйырма бир	dʒıjırma bir
vinte e dois	жыйырма эки	dʒıjırma eki
vinte e três	жыйырма үч	dʒıjırma ytʃ
trinta	отуз	otuz
trinta e um	отуз бир	otuz bir
trinta e dois	отуз эки	otuz eki
trinta e três	отуз үч	otuz ytʃ
quarenta	кырк	kırk
quarenta e dois	кырк эки	kırk eki
quarenta e três	кырк үч	kırk ytʃ
cinquenta	элүү	elyy
cinquenta e um	элүү бир	elyy bir
cinquenta e dois	элүү эки	elyy eki
cinquenta e três	элүү үч	elyy ytʃ
sessenta	алтымыш	altımıʃ
sessenta e um	алтымыш бир	altımıʃ bir
sessenta e dois	алтымыш эки	altımıʃ eki

sessenta e três	алтымыш үч	altımıʃ ytʃ
setenta	жетимиш	dʒetimiʃ
setenta e um	жетимиш бир	dʒetimiʃ bir
setenta e dois	жетимиш эки	dʒetimiʃ eki
setenta e três	жетимиш үч	dʒetimiʃ ytʃ
oitenta	сексен	seksen
oitenta e um	сексен бир	seksen bir
oitenta e dois	сексен эки	seksen eki
oitenta e três	сексен үч	seksen ytʃ
noventa	токсон	tokson
noventa e um	токсон бир	tokson bir
noventa e dois	токсон эки	tokson eki
noventa e três	токсон үч	tokson ytʃ

8. Números cardinais. Parte 2

cem	бир жүз	bir dʒyz
duzentos	эки жүз	eki dʒyz
trezentos	үч жүз	ytʃ dʒyz
quatrocentos	төрт жүз	tørt dʒyz
quinhentos	беш жүз	beʃ dʒyz
seiscentos	алты жүз	altı dʒyz
setecentos	жети жүз	dʒeti dʒyz
oitocentos	сегиз жүз	segiz dʒyz
novecentos	тогуз жүз	toguz dʒyz
mil	бир миң	bir miŋ
dois mil	эки миң	eki miŋ
De quem são ...?	үч миң	ytʃ miŋ
dez mil	он миң	on miŋ
cem mil	жүз миң	dʒyz miŋ
um milhão	миллион	million
mil milhões	миллиард	milliard

9. Números ordinais

primeiro	биринчи	birintʃi
segundo	экинчи	ekintʃi
terceiro	үчүнчү	ytʃyntʃy
quarto	төртүнчү	tørtyntʃy
quinto	бешинчи	beʃintʃi
sexto	алтынчы	altıntʃı
sétimo	жетинчи	dʒetintʃi
oitavo	сегизинчи	segizintʃi
nono	тогузунчу	toguzuntʃu
décimo	онунчу	onuntʃu

CORES. UNIDADES DE MEDIDA

10. Cores

cor (f)	түс	tys
matiz (m)	кошумча түс	koʃumtʃa tys
tom (m)	кубулуу	kubuluu
arco-íris (m)	күндүн кулагы	kyndyn kulagı
branco	ак	ak
preto	кара	kara
cinzento	боз	boz
verde	жашыл	dʒaʃıl
amarelo	сары	sarı
vermelho	кызыл	kızıl
azul	көк	køk
azul claro	көгүлтүр	køgyltyr
rosa	мала	mala
laranja	кызгылт сары	kızgılt sarı
violeta	сыя көк	sıja køk
castanho	күрөң	kyrøŋ
dourado	алтын түстүү	altın tystyy
prateado	күмүш өңдүү	kymyʃ øŋdyy
bege	сары боз	sarı boz
creme	саргылт	sargılt
turquesa	бирюза	birʉza
vermelho cereja	кочкул кызыл	kotʃkul kızıl
lilás	кызгылт көгүш	kızgılt køgyʃ
carmesim	ачык кызыл	atʃık kızıl
claro	ачык	atʃık
escuro	күңүрт	kyŋyrt
vivo	ачык	atʃık
de cor	түстүү	tystyy
a cores	түстүү	tystyy
preto e branco	ак-кара	ak-kara
unicolor	бир өңчөй түстө	bir øŋtʃøj tystø
multicor	ар түрдүү түстө	ar tyrdyy tystø

11. Unidades de medida

peso (m)	салмак	salmak
comprimento (m)	узундук	uzunduk

largura (f)	жазылык	dʒazılık
altura (f)	бийиктик	bijiktik
profundidade (f)	терендик	terendik
volume (m)	көлөм	køløm
área (f)	аянт	ajant

grama (m)	грамм	gramm
miligrama (m)	миллиграмм	milligramm
quilograma (m)	килограмм	kilogramm
tonelada (f)	тонна	tonna
libra (453,6 gramas)	фунт	funt
onça (f)	унция	untsija

metro (m)	метр	metr
milímetro (m)	миллиметр	millimetr
centímetro (m)	сантиметр	santimetr
quilómetro (m)	километр	kilometr
milha (f)	миля	milʲa

polegada (f)	дюйм	dʉjm
pé (304,74 mm)	фут	fut
jarda (914,383 mm)	ярд	jard

| metro (m) quadrado | квадраттык метр | kvadrattık metr |
| hectare (m) | гектар | gektar |

litro (m)	литр	litr
grau (m)	градус	gradus
volt (m)	вольт	volʲt
ampere (m)	ампер	amper
cavalo-vapor (m)	ат күчү	at kytʃy

quantidade (f)	саны	sanı
um pouco de …	… бир аз	… bir az
metade (f)	жарым	dʒarım
dúzia (f)	он эки даана	on eki daana
peça (f)	даана	daana

| dimensão (f) | чондук | tʃonduk |
| escala (f) | өлчөмчен | øltʃømtʃen |

mínimo	минималдуу	minimalduu
menor, mais pequeno	эң кичинекей	en kitʃinekej
médio	орточо	ortotʃo
máximo	максималдуу	maksimalduu
maior, mais grande	эң чоң	en tʃon

12. Recipientes

boião (m) de vidro	банка	banka
lata (~ de cerveja)	банка	banka
balde (m)	чака	tʃaka
barril (m)	бочка	botʃka
bacia (~ de plástico)	дагара	dagara

tanque (m)	бак	bak
cantil (m) de bolso	фляжка	flʲadʒka
bidão (m) de gasolina	канистра	kanistra
cisterna (f)	цистерна	tsïsterna

caneca (f)	кружка	krudʒka
chávena (f)	чейчек	tʃøjtʃøk
pires (m)	табак	tabak
copo (m)	ыстакан	ïstakan
taça (f) de vinho	бокал	bokal
panela, caçarola (f)	мискей	miskej

garrafa (f)	бөтөлкө	bøtølkø
gargalo (m)	оозу	oozu

jarro, garrafa (f)	графин	grafin
jarro (m) de barro	кумура	kumura
recipiente (m)	идиш	idiʃ
pote (m)	карапа	karapa
vaso (m)	ваза	vaza

frasco (~ de perfume)	флакон	flakon
frasquinho (ex. ~ de iodo)	кичине бөтөлкө	kitʃine bøtølkø
tubo (~ de pasta dentífrica)	тюбик	tʉbik

saca (ex. ~ de açúcar)	кап	kap
saco (~ de plástico)	пакет	paket
maço (m)	пачке	patʃke

caixa (~ de sapatos, etc.)	куту	kutu
caixa (~ de madeira)	үкөк	ykøk
cesta (f)	себет	sebet

VERBOS PRINCIPAIS

13. Os verbos mais importantes. Parte 1

abrir (vt)	ачуу	atʃuu
acabar, terminar (vt)	бүтүрүү	bytyryy
aconselhar (vt)	кеңеш берүү	keŋeʃ beryy
adivinhar (vt)	жандырмагын табуу	dʒandırmagın tabuu
advertir (vt)	эскертүү	eskertyy
ajudar (vt)	жардам берүү	dʒardam beryy
almoçar (vi)	түштөнүү	tyʃtønyy
alugar (~ um apartamento)	батирге алуу	batirge aluu
amar (vt)	сүйүү	syjyy
ameaçar (vt)	коркутуу	korkutuu
anotar (escrever)	кагазга түшүрүү	kagazga tyʃyryy
apanhar (vt)	кармоо	karmoo
apressar-se (vr)	шашуу	ʃaʃuu
arrepender-se (vr)	өкүнүү	økynyy
assinar (vt)	кол коюу	kol kojuu
atirar, disparar (vi)	атуу	atuu
brincar (vi)	тамашалоо	tamaʃaloo
brincar, jogar (crianças)	ойноо	ojnoo
buscar (vt)	... издөө	... izdøø
caçar (vi)	аңчылык кылуу	aŋtʃılık kıluu
cair (vi)	жыгылуу	dʒıgıluu
cavar (vt)	казуу	kazuu
cessar (vt)	токтотуу	toktotuu
chamar (~ por socorro)	чакыруу	tʃakıruu
chegar (vi)	келүү	kelyy
chorar (vi)	ыйлоо	ıjloo
começar (vt)	баштоо	baʃtoo
comparar (vt)	салыштыруу	salıʃtıruu
compreender (vt)	түшүнүү	tyʃynyy
concordar (vi)	макул болуу	makul boluu
confiar (vt)	ишенүү	iʃenyy
confundir (equivocar-se)	адаштыруу	adaʃtıruu
conhecer (vt)	таануу	taanuu
contar (fazer contas)	саноо	sanoo
contar com (esperar)	... ишенүү	... iʃenyy
continuar (vt)	улантуу	ulantuu
controlar (vt)	башкаруу	baʃkaruu
convidar (vt)	чакыруу	tʃakıruu
correr (vi)	чуркоо	tʃurkoo

| criar (vt) | жаратуу | dʒaratuu |
| custar (vt) | туруу | turuu |

14. Os verbos mais importantes. Parte 2

dar (vt)	берүү	beryy
dar uma dica	четин чыгаруу	tʃetin tʃɪgaruu
decorar (enfeitar)	кооздоо	koozdoo
defender (vt)	коргоо	korgoo
deixar cair (vt)	түшүрүп алуу	tyʃyryp aluu

descer (para baixo)	ылдый түшүү	ɪldɪj tyʃyy
desculpar (vt)	кечирүү	ketʃiryy
desculpar-se (vr)	кечирим суроо	ketʃirim suroo
dirigir (~ uma empresa)	башкаруу	baʃkaruu
discutir (notícias, etc.)	талкуулоо	talkuuloo
dizer (vt)	айтуу	ajtuu

duvidar (vt)	күмөн саноо	kymøn sanoo
encontrar (achar)	таап алуу	taap aluu
enganar (vt)	алдоо	aldoo
entrar (na sala, etc.)	кирүү	kiryy
enviar (uma carta)	жөнөтүү	dʒønøtyy

errar (equivocar-se)	ката кетирүү	kata ketiryy
escolher (vt)	тандоо	tandoo
esconder (vt)	жашыруу	dʒaʃiruu
escrever (vt)	жазуу	dʒazuu
esperar (o autocarro, etc.)	күтүү	kytyy

esperar (ter esperança)	үмүттөнүү	ymyttønyy
esquecer (vt)	унутуу	unutuu
estudar (vt)	окуу	okuu
exigir (vt)	талап кылуу	talap kɪluu
existir (vi)	чыгуу	tʃɪguu

explicar (vt)	түшүндүрүү	tyʃyndyryy
falar (vi)	сүйлөө	syjløø
faltar (clases, etc.)	калтыруу	kaltɪruu
fazer (vt)	кылуу	kɪluu
ficar em silêncio	унчукпоо	untʃukpoo
gabar-se, jactar-se (vr)	мактануу	maktanuu

gostar (apreciar)	жактыруу	dʒaktɪruu
gritar (vi)	кыйкыруу	kɪjkɪruu
guardar (cartas, etc.)	сактоо	saktoo
informar (vt)	маалымат берүү	maalɪmat beryy
insistir (vi)	көшөрүү	køʃøryy

insultar (vt)	кемсинтүү	kemsintyy
interessar-se (vr)	... кызыгуу	... kɪzɪguu
ir (a pé)	жөө басуу	dʒøø basuu
ir nadar	сууга түшүү	suuga tyʃyy
jantar (vi)	кечки тамакты ичүү	ketʃki tamaktɪ itʃyy

15. Os verbos mais importantes. Parte 3

ler (vt)	окуу	okuu
libertar (cidade, etc.)	бошотуу	boʃotuu
matar (vt)	өлтүрүү	øltyryy
mencionar (vt)	айтып өтүү	ajtıp øtyy
mostrar (vt)	көрсөтүү	kørsøtyy
mudar (modificar)	өзгөртүү	øzgørtyy
nadar (vi)	сүзүү	syzyy
negar-se a ...	баш тартуу	baʃ tartuu
objetar (vt)	каршы болуу	karʃı boluu
observar (vt)	байкоо салуу	bajkoo
ordenar (mil.)	буйрук кылуу	bujruk kıluu
ouvir (vt)	угуу	uguu
pagar (vt)	төлөө	tøløø
parar (vi)	токтоо	toktoo
participar (vi)	катышуу	katıʃuu
pedir (comida)	буйрутма кылуу	bujrutma kıluu
pedir (um favor, etc.)	суроо	suroo
pegar (tomar)	алуу	aluu
pensar (vt)	ойлоо	ojloo
perceber (ver)	байкоо	bajkoo
perdoar (vt)	кечирүү	ketʃiryy
perguntar (vt)	суроо	suroo
permitir (vt)	уруксат берүү	uruksat beryy
pertencer a ...	таандык болуу	taandık boluu
planear (vt)	пландаштыруу	plandaʃtıruu
poder (vi)	жасай алуу	dʒasaj aluu
possuir (vt)	ээ болуу	ee boluu
preferir (vt)	артык көрүү	artık køryy
preparar (vt)	тамак бышыруу	tamak bıʃıruu
prever (vt)	күтүү	kytyy
prometer (vt)	убада берүү	ubada beryy
pronunciar (vt)	айтуу	ajtuu
propor (vt)	сунуштоо	sunuʃtoo
punir (castigar)	жазалоо	dʒazaloo

16. Os verbos mais importantes. Parte 4

quebrar (vt)	сындыруу	sındıruu
queixar-se (vr)	арыздануу	arızdanuu
querer (desejar)	каалоо	kaaloo
recomendar (vt)	сунуштоо	sunuʃtoo
repetir (dizer outra vez)	кайталоо	kajtaloo
repreender (vt)	урушуу	uruʃuu
reservar (~ um quarto)	камдык буйрутмалоо	kamdık bujrutmaloo

responder (vt)	жооп берүү	dʒoop beryy
rezar, orar (vi)	дуба кылуу	duba kıluu
rir (vi)	күлүү	kylyy
roubar (vt)	уурдоо	uurdoo
saber (vt)	билүү	bilyy
sair (~ de casa)	чыгуу	tʃıguu
salvar (vt)	куткаруу	kutkaruu
seguir ...	... ээрчүү	... eertʃyy
sentar-se (vr)	отуруу	oturuu
ser necessário	керек болуу	kerek boluu
ser, estar	болуу	boluu
significar (vt)	билдирүү	bildiryy
sorrir (vi)	жылмаюу	dʒılmadʒuu
subestimar (vt)	баалабоо	baalaboo
surpreender-se (vr)	таң калуу	taŋ kaluu
tentar (vt)	аракет кылуу	araket kıluu
ter (vt)	бар болуу	bar boluu
ter fome	ачка болуу	atʃka boluu
ter medo	жазкануу	dʒazkanuu
ter sede	суусап калуу	suusap kaluu
tocar (com as mãos)	тийүү	tijyy
tomar o pequeno-almoço	эртең менен тамактануу	erteŋ menen tamaktanuu
trabalhar (vi)	иштөө	iʃtøø
traduzir (vt)	которуу	kotoruu
unir (vt)	бириктирүү	biriktiryy
vender (vt)	сатуу	satuu
ver (vt)	көрүү	køryy
virar (ex. ~ à direita)	бурулуу	buruluu
voar (vi)	учуу	utʃuu

TEMPO. CALENDÁRIO

17. Dias da semana

segunda-feira (f)	дүйшөмбү	dyjʃømby
terça-feira (f)	шейшемби	ʃejʃembi
quarta-feira (f)	шаршемби	ʃarʃembi
quinta-feira (f)	бейшемби	bejʃembi
sexta-feira (f)	жума	dʒuma
sábado (m)	ишенби	iʃenbi
domingo (m)	жекшемби	dʒekʃembi
hoje	бүгүн	bygyn
amanhã	эртең	erteŋ
depois de amanhã	бирсүгүнү	birsygyny
ontem	кечээ	ketʃee
anteontem	мурда күнү	murda kyny
dia (m)	күн	kyn
dia (m) de trabalho	иш күнү	iʃ kyny
feriado (m)	майрам күнү	majram kyny
dia (m) de folga	дем алыш күн	dem alıʃ kyn
fim (m) de semana	дем алыш күндөр	dem alıʃ kyndør
o dia todo	күнү бою	kyny bojʉ
no dia seguinte	кийинки күнү	kijinki kyny
há dois dias	эки күн мурун	eki kyn murun
na véspera	жакында	dʒakında
diário	күндө	kyndø
todos os dias	күн сайын	kyn sajın
semana (f)	жума	dʒuma
na semana passada	өткөн жумада	øtkøn dʒumada
na próxima semana	келаткан жумада	kelatkan dʒumada
semanal	жума сайын	dʒuma sajın
cada semana	жума сайын	dʒuma sajın
duas vezes por semana	жумасына эки жолу	dʒumasına eki dʒolu
cada terça-feira	ар шейшемби	ar ʃejʃembi

18. Horas. Dia e noite

manhã (f)	таң	taŋ
de manhã	эртең менен	erteŋ menen
meio-dia (m)	жарым күн	dʒarım kyn
à tarde	түштөн кийин	tyʃtøn kijin
noite (f)	кеч	ketʃ
à noite (noitinha)	кечинде	ketʃinde

noite (f)	түн	tyn
à noite	түндө	tyndø
meia-noite (f)	жарым түн	dʒarım tyn
segundo (m)	секунда	sekunda
minuto (m)	мүнөт	mynøt
hora (f)	саат	saat
meia hora (f)	жарым саат	dʒarım saat
quarto (m) de hora	чейрек саат	tʃejrek saat
quinze minutos	он беш мүнөт	on beʃ mynøt
vinte e quatro horas	сутка	sutka
nascer (m) do sol	күндүн чыгышы	kyndyn tʃıgıʃı
amanhecer (m)	таң агаруу	taŋ agaruu
madrugada (f)	таң эрте	taŋ erte
pôr do sol (m)	күн батуу	kyn batuu
de madrugada	таң эрте	taŋ erte
hoje de manhã	бүгүн эртең менен	bygyn erteŋ menen
amanhã de manhã	эртең эртең менен	erteŋ erteŋ menen
hoje à tarde	күндүзү	kyndyzy
à tarde	түштөн кийин	tyʃtøn kijin
amanhã à tarde	эртең түштөн кийин	erteŋ tyʃtøn kijin
hoje à noite	бүгүн кечинде	bygyn ketʃinde
amanhã à noite	эртең кечинде	erteŋ ketʃinde
às três horas em ponto	туура саат үчтө	tuura saat ytʃtø
por volta das quatro	болжол менен төрт саат	boldʒol menen tørt saat
às doze	саат он экиде	saat on ekide
dentro de vinte minutos	жыйырма мүнөттөн кийин	dʒıjırma mynøttøn kijin
dentro duma hora	бир сааттан кийин	bir saattan kijin
a tempo	өз убагында	øz ubagında
menos um quarto	... он беш мүнөт калды	... on beʃ mynøt kaldı
durante uma hora	бир сааттын ичинде	bir saattın itʃinde
a cada quinze minutos	он беш мүнөт сайын	on beʃ mynøt sajın
as vinte e quatro horas	бир сутка бою	bir sutka bojʉ

19. Meses. Estações

janeiro (m)	январь	janvarʲ
fevereiro (m)	февраль	fevralʲ
março (m)	март	mart
abril (m)	апрель	aprelʲ
maio (m)	май	maj
junho (m)	июнь	ijʉnʲ
julho (m)	июль	ijʉlʲ
agosto (m)	август	avgust
setembro (m)	сентябрь	sentʲabrʲ
outubro (m)	октябрь	oktʲabrʲ

novembro (m)	ноябрь	nojabrʲ
dezembro (m)	декабрь	dekabrʲ
primavera (f)	жаз	dʒaz
na primavera	жазында	dʒazında
primaveril	жазгы	dʒazgı
verão (m)	жай	dʒaj
no verão	жайында	dʒajında
de verão	жайкы	dʒajkı
outono (m)	күз	kyz
no outono	күзүндө	kyzyndø
outonal	күздүк	kyzdyk
inverno (m)	кыш	kıʃ
no inverno	кышында	kıʃında
de inverno	кышкы	kıʃkı
mês (m)	ай	aj
este mês	ушул айда	uʃul ajda
no próximo mês	кийинки айда	kijinki ajda
no mês passado	өткөн айда	øtkøn ajda
há um mês	бир ай мурун	bir aj murun
dentro de um mês	бир айдан кийин	bir ajdan kijin
dentro de dois meses	эки айдан кийин	eki ajdan kijin
todo o mês	ай бою	aj boju
um mês inteiro	толук бир ай	toluk bir aj
mensal	ай сайын	aj sajın
mensalmente	ай сайын	aj sajın
cada mês	ар бир айда	ar bir ajda
duas vezes por mês	айына эки жолу	ajına eki dʒolu
ano (m)	жыл	dʒıl
este ano	бул жылы	bul dʒılı
no próximo ano	келаткан жылы	kelatkan dʒılı
no ano passado	өткөн жылы	øtkøn dʒılı
há um ano	бир жыл мурун	bir dʒıl murun
dentro dum ano	бир жылдан кийин	bir dʒıldan kijin
dentro de 2 anos	эки жылдан кийин	eki dʒıldan kijin
todo o ano	жыл бою	dʒıl bodʒu
um ano inteiro	толук бир жыл	toluk bir dʒıl
cada ano	ар жыл сайын	ar dʒıl sajın
anual	жыл сайын	dʒıl sajın
anualmente	жыл сайын	dʒıl sajın
quatro vezes por ano	жылына төрт жолу	dʒılına tørt dʒolu
data (~ de hoje)	число	tʃislo
data (ex. ~ de nascimento)	күн	kyn
calendário (m)	календарь	kalendarʲ
meio ano	жарым жыл	dʒarım dʒıl
seis meses	жарым чейрек	dʒarım tʃejrek

| estação (f) | мезгил | mezgil |
| século (m) | кылым | kılım |

VIAGENS. HOTEL

20. Viagens

turismo (m)	туризм	turizm
turista (m)	турист	turist
viagem (f)	саякат	sajakat
aventura (f)	укмуштуу окуя	ukmuʃtuu okuja
viagem (f)	сапар	sapar
férias (f pl)	дем алыш	dem alıʃ
estar de férias	дем алышка чыгуу	dem alıʃka tʃıguu
descanso (m)	эс алуу	es aluu
comboio (m)	поезд	poezd
de comboio (chegar ~)	поезд менен	poezd menen
avião (m)	учак	utʃak
de avião	учакта	utʃakta
de carro	автомобилде	avtomobilde
de navio	кемеде	kemede
bagagem (f)	жүк	dʒyk
mala (f)	чемодан	tʃemodan
carrinho (m)	араба	araba
passaporte (m)	паспорт	pasport
visto (m)	виза	viza
bilhete (m)	билет	bilet
bilhete (m) de avião	авиабилет	aviabilet
guia (m) de viagem	жол көрсөткүч	dʒol kørsøtkytʃ
mapa (m)	карта	karta
local (m), area (f)	жай	dʒaj
lugar, sítio (m)	жер	dʒer
exotismo (m)	экзотика	ekzotika
exótico	экзотикалуу	ekzotikaluu
surpreendente	ажайып	adʒajıp
grupo (m)	топ	top
excursão (f)	экскурсия	ekskursija
guia (m)	экскурсия жетекчиси	ekskursija dʒetektʃisi

21. Hotel

hotel (m), pensão (f)	мейманкана	mejmankana
motel (m)	мотель	motelʲ
três estrelas	үч жылдыздуу	ytʃ dʒıldızduu

cinco estrelas	беш жылдыздуу	beʃ dʒɪldɪzduu
ficar (~ num hotel)	токтоо	toktoo

quarto (m)	номер	nomer
quarto (m) individual	бир орундуу	bir orunduu
quarto (m) duplo	эки орундуу	eki orunduu
reservar um quarto	номерди камдык	nomerdi kamdık
	буйрутмалоо	bujrutmaloo

meia pensão (f)	жарым пансион	dʒarım pansion
pensão (f) completa	толук пансион	toluk pansion

com banheira	ваннасы менен	vannası menen
com duche	душ менен	duʃ menen
televisão (m) satélite	спутник	sputnik
ar (m) condicionado	аба желдеткич	aba dʒeldetkiʧ
toalha (f)	сүлгү	sylgy
chave (f)	ачкыч	aʧkıʧ

administrador (m)	администратор	administrator
camareira (f)	үй кызматкери	yj kızmatkeri
bagageiro (m)	жүк ташуучу	dʒyk taʃuuʧu
porteiro (m)	эшик ачуучу	eʃik aʧuuʧu

restaurante (m)	ресторан	restoran
bar (m)	бар	bar
pequeno-almoço (m)	таңкы тамак	taŋkı tamak
jantar (m)	кечки тамак	keʧki tamak
buffet (m)	шведче стол	ʃvedʧe stol

hall (m) de entrada	вестибюль	vestibʉlʲ
elevador (m)	лифт	lift

NÃO PERTURBE	ТЫНЧЫБЫЗДЫ	tɪnʧɪbɪzdɪ
	АЛБАГЫЛА!	albagıla!
PROIBIDO FUMAR!	ТАМЕКИ ЧЕГҮҮГӨ	tameki ʧegyygø
	БОЛБОЙТ!	bolbojt!

22. Turismo

monumento (m)	эстелик	estelik
fortaleza (f)	чеп	ʧep
palácio (m)	сарай	saraj
castelo (m)	сепил	sepil
torre (f)	мунара	munara
mausoléu (m)	күмбөз	kymbøz

arquitetura (f)	архитектура	arχitektura
medieval	орто кылымдык	orto kılımdık
antigo	байыркы	bajırkı
nacional	улуттук	uluttuk
conhecido	тааныймал	taanımal
turista (m)	турист	turist
guia (pessoa)	гид	gid

excursão (f)	экскурсия	ekskursija
mostrar (vt)	көрсөтүү	kørsøtyy
contar (vt)	айтып берүү	ajtıp beryy

encontrar (vt)	табуу	tabuu
perder-se (vr)	адашып кетүү	adaʃıp ketyy
mapa (~ do metrô)	схема	sχema
mapa (~ da cidade)	план	plan

lembrança (f), presente (m)	асембелек	asembelek
loja (f) de presentes	асембелек дүкөнү	asembelek dykøny
fotografar (vt)	сүрөткө тартуу	syrøtkø tartuu
fotografar-se	сүрөткө түшүү	syrøtkø tyʃyy

TRANSPORTES

23. Aeroporto

aeroporto (m)	аэропорт	aeroport
avião (m)	учак	utʃak
companhia (f) aérea	авиакомпания	aviakompanija
controlador (m)	авиадиспетчер	aviadispettʃer
de tráfego aéreo		

partida (f)	учуп кетүү	utʃup ketyy
chegada (f)	учуп келүү	utʃup kelyy
chegar (~ de avião)	учуп келүү	utʃup kelyy

hora (f) de partida	учуп кетүү убактысы	utʃup ketyy ubaktısı
hora (f) de chegada	учуп келүү убактысы	utʃup kelyy ubaktısı

estar atrasado	кармалуу	karmaluu
atraso (m) de voo	учуп кетүүнүн кечигиши	utʃup ketyynyn ketʃigiʃi

painel (m) de informação	маалымат таблосу	maalımat tablosu
informação (f)	маалымат	maalımat
anunciar (vt)	кулактандыруу	kulaktandıruu
voo (m)	рейс	rejs

alfândega (f)	бажыкана	badʒıkana
funcionário (m) da alfândega	бажы кызматкери	badʒı kızmatkeri

declaração (f) alfandegária	бажы декларациясы	badʒı deklaratsijası
preencher (vt)	толтуруу	tolturuu
preencher a declaração	декларация толтуруу	deklaratsija tolturuu
controlo (m) de passaportes	паспорт текшерүү	pasport tekʃeryy

bagagem (f)	жүк	dʒyk
bagagem (f) de mão	кол жүгү	kol dʒygy
carrinho (m)	араба	araba

aterragem (f)	конуу	konuu
pista (f) de aterragem	конуу тилкеси	konuu tilkesi
aterrar (vi)	конуу	konuu
escada (f) de avião	трап	trap

check-in (m)	катталуу	kattaluu
balcão (m) do check-in	каттоо стойкасы	kattoo stojkası
fazer o check-in	катталуу	kattaluu
cartão (m) de embarque	отуруу үчүн талон	oturuu ytʃyn talon
porta (f) de embarque	чыгуу	tʃıguu

trânsito (m)	транзит	tranzit
esperar (vi, vt)	күтүү	kytyy

sala (f) de espera	кутүү залы	kutyy zalı
despedir-se de ...	узатуу	uzatuu
despedir-se (vr)	коштошуу	koʃtoʃuu

24. Avião

avião (m)	учак	uʧak
bilhete (m) de avião	авиабилет	aviabilet
companhia (f) aérea	авиакомпания	aviakompanija
aeroporto (m)	аэропорт	aeroport
supersónico	сверхзвуковой	sverχzvukovoj

comandante (m) do avião	кеме командири	keme komandiri
tripulação (f)	экипаж	ekipadʒ
piloto (m)	учкуч	uʧkuʧ
hospedeira (f) de bordo	стюардесса	stɯardessa
copiloto (m)	штурман	ʃturman

asas (f pl)	канаттар	kanattar
cauda (f)	куйрук	kujruk
cabine (f) de pilotagem	кабина	kabina
motor (m)	кыймылдаткыч	kɯjmɯldatkɯʧ

| trem (m) de aterragem | шасси | ʃassi |
| turbina (f) | турбина | turbina |

| hélice (f) | пропеллер | propeller |
| caixa-preta (f) | кара куту | kara kutu |

| coluna (f) de controlo | штурвал | ʃturval |
| combustível (m) | күйгүчү май | kyjyyʧy may |

instruções (f pl) de segurança	коопсуздук көрсөтмөсү	koopsuzduk kørsøtmøsy
máscara (f) de oxigénio	кислород чүмбөтү	kislorod ʧymbøty
uniforme (m)	бир беткей кийим	bir betkey kijim

| colete (m) salva-vidas | куткаруучу күрмө | kutkaruuʧu kyrmø |
| paraquedas (m) | парашют | paraʃɯt |

descolagem (f)	учуп көтөрүлүү	uʧup køtørylyy
descolar (vi)	учуп көтөрүлүү	uʧup køtørylyy
pista (f) de descolagem	учуп чыгуу тилкеси	uʧup ʧɯguu tilkesi

| visibilidade (f) | көрүнүш | kørynyʃ |
| voo (m) | учуу | uʧuu |

| altura (f) | бийиктик | bijiktik |
| poço (m) de ar | аба чүңкуру | aba ʧyŋkuru |

assento (m)	орун	orun
auscultadores (m pl)	кулакчын	kulakʧın
mesa (f) rebatível	бүктөлмө стол	byktølmø stol
vigia (f)	иллюминатор	illɯminator
passagem (f)	өтмөк	øtmøk

25. Comboio

comboio (m)	поезд	poezd
comboio (m) suburbano	электричка	elektritʃka
comboio (m) rápido	бат жүргүчү поезд	bat dʒyryytʃy poezd
locomotiva (f) diesel	тепловоз	teplovoz
locomotiva (f) a vapor	паровоз	parovoz
carruagem (f)	вагон	vagon
carruagem restaurante (f)	вагон-ресторан	vagon-restoran
carris (m pl)	рельсалар	relʲsalar
caminho de ferro (m)	темир жолу	temir dʒolu
travessa (f)	шпала	ʃpala
plataforma (f)	платформа	platforma
linha (f)	жол	dʒol
semáforo (m)	семафор	semafor
estação (f)	бекет	beket
maquinista (m)	машинист	maʃinist
bagageiro (m)	жук ташуучу	dʒuk taʃuutʃu
hospedeiro, -a (da carruagem)	проводник	provodnik
passageiro (m)	жүргүнчү	dʒyrgyntʃy
revisor (m)	текшерүүчү	tekʃeryytʃy
corredor (m)	коридор	koridor
freio (m) de emergência	стоп-кран	stop-kran
compartimento (m)	купе	kupe
cama (f)	текче	tektʃe
cama (f) de cima	үстүнкү текче	ystyŋky tektʃe
cama (f) de baixo	ылдыйкы текче	ɪldɪjkɪ tektʃe
roupa (f) de cama	жууркан-төшөк	dʒuurkan-tøʃøk
bilhete (m)	билет	bilet
horário (m)	ырааттама	ɪraattama
painel (m) de informação	табло	tablo
partir (vt)	жөнөө	dʒønøø
partida (f)	жөнөө	dʒønøø
chegar (vi)	келүү	kelyy
chegada (f)	келүү	kelyy
chegar de comboio	поезд менен келүү	poezd menen kelyy
apanhar o comboio	поездге отуруу	poezdge oturuu
sair do comboio	поездден түшүү	poezdden tyʃyy
acidente (m) ferroviário	кыйроо	kɪjroo
descarrilar (vi)	рельсадан чыгып кетүү	relʲsadan tʃɪgɪp ketyy
locomotiva (f) a vapor	паровоз	parovoz
fogueiro (m)	от жагуучу	ot dʒaguutʃu
fornalha (f)	меш	meʃ
carvão (m)	көмүр	kømyr

26. Barco

navio (m)	кеме	keme
embarcação (f)	кеме	keme
vapor (m)	пароход	paroχod
navio (m)	теплоход	teploχod
transatlântico (m)	лайнер	lajner
cruzador (m)	крейсер	krejser
iate (m)	яхта	jaχta
rebocador (m)	буксир	buksir
barcaça (f)	баржа	bardʒa
ferry (m)	паром	parom
veleiro (m)	парус	parus
bergantim (m)	бригантина	brigantina
quebra-gelo (m)	муз жаргыч кеме	muz dʒargıtʃ keme
submarino (m)	суу астында жүрүүчү кеме	suu astında dʒyryytʃy keme
bote, barco (m)	кайык	kajık
bote, dingue (m)	шлюпка	ʃlʉpka
bote (m) salva-vidas	куткаруу шлюпкасы	kutkaruu ʃlʉpkası
lancha (f)	катер	kater
capitão (m)	капитан	kapitan
marinheiro (m)	матрос	matros
marujo (m)	деңизчи	deŋiztʃi
tripulação (f)	экипаж	ekipadʒ
contramestre (m)	боцман	botsman
grumete (m)	юнга	jʉnga
cozinheiro (m) de bordo	кок	kok
médico (m) de bordo	кеме доктуру	keme dokturu
convés (m)	палуба	paluba
mastro (m)	мачта	matʃta
vela (f)	парус	parus
porão (m)	трюм	trʉm
proa (f)	тумшук	tumʃuk
popa (f)	кеменин арткы бөлүгү	kemenin artkı bølygy
remo (m)	калак	kalak
hélice (f)	винт	vint
camarote (m)	каюта	kajʉta
sala (f) dos oficiais	кают-компания	kajʉt-kompanija
sala (f) das máquinas	машина бөлүгү	maʃina bølygy
ponte (m) de comando	капитан мостиги	kapitan mostigi
sala (f) de comunicações	радиорубка	radiorubka
onda (f) de rádio	толкун	tolkun
diário (m) de bordo	кеме журналы	keme dʒurnalı
luneta (f)	дүрбү	dyrby

sino (m)	коӊгуроо	koŋguroo
bandeira (f)	байрак	bajrak
cabo (m)	аркан	arkan
nó (m)	түйүн	tyjyn
corrimão (m)	туткуч	tutkuʧ
prancha (f) de embarque	трап	trap
âncora (f)	кеме казык	keme kazık
recolher a âncora	кеме казыкты көтөрүү	keme kazıktı køtøryy
lançar a âncora	кеме казыкты таштоо	keme kazıktı taʃtoo
amarra (f)	казык чынжыры	kazık ʧındʒırı
porto (m)	порт	port
cais, amarradouro (m)	причал	priʧal
atracar (vi)	келип токтоо	kelip toktoo
desatracar (vi)	жээктен алыстоо	dʒeekten alıstoo
viagem (f)	саякат	sajakat
cruzeiro (m)	деӊиз саякаты	deŋiz sajakatı
rumo (m), rota (f)	курс	kurs
itinerário (m)	каттам	kattam
canal (m) navegável	фарватер	farvater
banco (m) de areia	тайыз жер	tajız dʒer
encalhar (vt)	тайыз жерге отуруу	tajız dʒerge oturuu
tempestade (f)	бороон чапкын	boroon ʧapkın
sinal (m)	сигнал	signal
afundar-se (vr)	чөгүү	ʧøgyy
Homem ao mar!	Сууда адам бар!	suuda adam bar!
SOS	SOS	sos
boia (f) salva-vidas	куткаруучу тегерек	kutkaruuʧu tegerek

CIDADE

27. Transportes urbanos

autocarro (m)	автобус	avtobus
elétrico (m)	трамвай	tramvaj
troleicarro (m)	троллейбус	trollejbus
itinerário (m)	каттам	kattam
número (m)	номер	nomer
ir de … (carro, etc.)	… жүрүү	… dʒyryy
entrar (~ no autocarro)	… отуруу	… oturuu
descer de …	… түшүп калуу	… tyʃyp kaluu
paragem (f)	аялдама	ajaldama
próxima paragem (f)	кийинки аялдама	kijinki ajaldama
ponto (m) final	акыркы аялдама	akɪrkɪ ajaldama
horário (m)	ырааттама	ɪraattama
esperar (vt)	күтүү	kytyy
bilhete (m)	билет	bilet
custo (m) do bilhete	билеттин баасы	bilettin baasɪ
bilheteiro (m)	кассир	kassir
controlo (m) dos bilhetes	текшерүү	tekʃeryy
revisor (m)	текшерүүчү	tekʃeryytʃy
atrasar-se (vr)	кечигүү	ketʃigyy
perder (o autocarro, etc.)	кечигип калуу	ketʃigip kaluu
estar com pressa	шашуу	ʃaʃuu
táxi (m)	такси	taksi
taxista (m)	такси айдоочу	taksi ajdootʃu
de táxi (ir ~)	таксиде	takside
praça (f) de táxis	такси токтоочу жай	taksi toktootʃu dʒaj
chamar um táxi	такси чакыруу	taksi tʃakɪruu
apanhar um táxi	такси кармоо	taksi karmoo
tráfego (m)	көчө кыймылы	køtʃø kɪjmɪlɪ
engarrafamento (m)	тыгын	tɪgɪn
horas (f pl) de ponta	кызуу маал	kɪzuu maal
estacionar (vi)	токтотуу	toktotuu
estacionar (vt)	машинаны жайлаштыруу	maʃinanɪ dʒajlaʃtɪruu
parque (m) de estacionamento	унаа токтоочу жай	unaa toktootʃu dʒaj
metro (m)	метро	metro
estação (f)	бекет	beket
ir de metro	метродо жүрүү	metrodo dʒyryy
comboio (m)	поезд	poezd
estação (f)	вокзал	vokzal

28. Cidade. Vida na cidade

cidade (f)	шаар	ʃaar
capital (f)	борбор	borbor
aldeia (f)	кыштак	kıʃtak

mapa (m) da cidade	шаардын планы	ʃaardın planı
centro (m) da cidade	шаардын борбору	ʃaardın borboru
subúrbio (m)	шаардын чет жакасы	ʃaardın tʃet dʒakası
suburbano	шаардын чет жакасындагы	ʃaardın tʃet dʒakasındagı

periferia (f)	чет-жака	tʃet-dʒaka
arredores (m pl)	чет-жака	tʃet-dʒaka
quarteirão (m)	квартал	kvartal
quarteirão (m) residencial	турак-жай кварталы	turak-dʒaj kvartalı

tráfego (m)	кече кыймылы	køtʃø kıjmılı
semáforo (m)	светофор	svetofor
transporte (m) público	шаар транспорту	ʃaar transportu
cruzamento (m)	кесилиш	kesiliʃ

passadeira (f)	жөө жүрүүчүлөр жолу	dʒøø dʒyryytʃylør dʒolu
passagem (f) subterrânea	жер астындагы жол	dʒer astındagı dʒol
cruzar, atravessar (vt)	жолду өтүү	dʒoldu øtyy
peão (m)	жөө жүрүүчү	dʒøø dʒyryytʃy
passeio (m)	жанжол	dʒandʒol

ponte (f)	көпүрө	køpyrø
margem (f) do rio	жээк жол	dʒeek dʒol
fonte (f)	фонтан	fontan

alameda (f)	аллея	alleja
parque (m)	сейил багы	sejil bagı
bulevar (m)	бульвар	bulʲvar
praça (f)	аянт	ajant
avenida (f)	проспект	prospekt
rua (f)	көчө	køtʃø
travessa (f)	чолок көчө	tʃolok køtʃø
beco (m) sem saída	туюк көчө	tujʉk køtʃø

casa (f)	үй	yj
edifício, prédio (m)	имарат	imarat
arranha-céus (m)	көк тиреген көп кабаттуу үй	køk tiregen køp kabattuu yj

fachada (f)	үйдүн алды	yjdyn aldı
telhado (m)	чатыр	tʃatır
janela (f)	терезе	tereze
arco (m)	түркүк	tyrkyk
coluna (f)	мамы	mamı
esquina (f)	бурч	burtʃ

montra (f)	көрсөтмө айнек үкөк	kørsøtmø ajnek ykøk
letreiro (m)	көрнөк	kørnøk

cartaz (m)	афиша	afiʃa
cartaz (m) publicitário	көрнөк-жарнак	kørnøk-dʒarnak
painel (m) publicitário	жарнамалык такта	dʒarnamalık takta

lixo (m)	таштанды	taʃtandı
cesta (f) do lixo	таштанды челек	taʃtandı tʃelek
jogar lixo na rua	таштоо	taʃtoo
aterro (m) sanitário	таштанды үйүлгөн жер	taʃtandı yjylgøn dʒer

cabine (f) telefónica	телефон будкасы	telefon budkası
candeeiro (m) de rua	чырак мамы	tʃırak mamı
banco (m)	отургуч	oturgutʃ

polícia (m)	полиция кызматкери	politsija kızmatkeri
polícia (instituição)	полиция	politsija
mendigo (m)	кайырчы	kajırtʃı
sem-abrigo (m)	селсаяк	selsajak

29. Instituições urbanas

loja (f)	дүкөн	dykøn
farmácia (f)	дарыкана	darıkana
ótica (f)	оптика	optika
centro (m) comercial	соода борбору	sooda borboru
supermercado (m)	супермаркет	supermarket

padaria (f)	нан дүкөнү	nan dykøny
padeiro (m)	навайчы	navajtʃı
pastelaria (f)	кондитердик дүкөн	konditerdik dykøn
mercearia (f)	азык-түлүк	azık-tylyk
talho (m)	эт дүкөнү	et dykøny

loja (f) de legumes	жашылча дүкөнү	dʒaʃıltʃa dykøny
mercado (m)	базар	bazar

café (m)	кофекана	kofekana
restaurante (m)	ресторан	restoran
bar (m), cervejaria (f)	сыракана	sırakana
pizzaria (f)	пиццерия	pitserija

salão (m) de cabeleireiro	чач тарач	tʃatʃ taratʃ
correios (m pl)	почта	potʃta
lavandaria (f)	химиялык тазалоо	χimijalık tazaloo
estúdio (m) fotográfico	фотоателье	fotoatelje

sapataria (f)	бут кийим дүкөнү	but kijim dykøny
livraria (f)	китеп дүкөнү	kitep dykøny
loja (f) de artigos de desporto	спорт буюмдар дүкөнү	sport bujumdar dykøny

reparação (f) de roupa	кийим ондоочу жай	kijim ondootʃu dʒaj
aluguer (m) de roupa	кийимди ижарага берүү	kijimdi idʒaraga beryy
aluguer (m) de filmes	тасмаларды ижарага берүү	tasmalardı idʒaraga beryy
circo (m)	цирк	tsırk

jardim (m) zoológico	зоопарк	zoopark
cinema (m)	кинотеатр	kinoteatr
museu (m)	музей	muzej
biblioteca (f)	китепкана	kitepkana
teatro (m)	театр	teatr
ópera (f)	опера	opera
clube (m) noturno	түнкү клуб	tynky klub
casino (m)	казино	kazino
mesquita (f)	мечит	metʃit
sinagoga (f)	синагога	sinagoga
catedral (f)	чоң чиркөө	tʃoŋ tʃirkøø
templo (m)	ибадаткана	ibadatkana
igreja (f)	чиркөө	tʃirkøø
instituto (m)	коллеж	kolledʒ
universidade (f)	университет	universitet
escola (f)	мектеп	mektep
prefeitura (f)	префектура	prefektura
câmara (f) municipal	мэрия	merija
hotel (m)	мейманкана	mejmankana
banco (m)	банк	bank
embaixada (f)	элчилик	eltʃilik
agência (f) de viagens	турагенттиги	turagenttigi
agência (f) de informações	маалымат бюросу	maalımat bʉrosu
casa (f) de câmbio	алмаштыруу пункту	almaʃtıruu punktu
metro (m)	метро	metro
hospital (m)	оорукана	oorukana
posto (m) de gasolina	май куюучу станция	maj kujʉutʃu stantsija
parque (m) de estacionamento	унаа токтоочу жай	unaa toktootʃu dʒaj

30. Sinais

letreiro (m)	көрнөк	kørnøk
inscrição (f)	жазуу	dʒazuu
cartaz, póster (m)	көрнөк	kørnøk
sinal (m) informativo	көрсөткүч	kørsøtkytʃ
seta (f)	жебе	dʒebe
aviso (advertência)	эскертме	ekertme
sinal (m) de aviso	эскертүү белгиси	eskertyy belgisi
avisar, advertir (vt)	эскертүү	eskertyy
dia (m) de folga	дем алыш күн	dem alıʃ kyn
horário (m)	ырааттама	ıraattama
horário (m) de funcionamento	иш сааттары	iʃ saattarı
BEM-VINDOS!	КОШ КЕЛИҢИЗДЕР!	koʃ keliŋizder!
ENTRADA	КИРҮҮ	kiryy

SAÍDA	ЧЫГУУ	tfiguu
EMPURRE	ӨЗҮҢҮЗДӨН ТҮРТҮҢҮЗ	øzyŋyzdøn tyrtyŋyz
PUXE	ӨЗҮҢҮЗГӨ ТАРТЫҢЫЗ	øzyŋyzgø tartıŋız
ABERTO	АЧЫК	atfık
FECHADO	ЖАБЫК	dӡabık

| MULHER | АЙЫМДАР ҮЧҮН | ajımdar ytfyn |
| HOMEM | ЭРКЕКТЕР ҮЧҮН | erkekter ytfyn |

DESCONTOS	АРЗАНДАТУУЛАР	arzandatuular
SALDOS	САТЫП ТҮГӨТҮҮ	satıp tygøtyy
NOVIDADE!	СААМАЛЫК!	saamalık!
GRÁTIS	БЕКЕР	beker

ATENÇÃO!	КӨҢҮЛ БУРУҢУЗ!	køŋyl buruŋuz!
NÃO HÁ VAGAS	ОРУН ЖОК	orun dӡok
RESERVADO	КАМДЫК БУЙРУТМАЛАГАН	kamdık bujrutmalagan

| ADMINISTRAÇÃO | АДМИНИСТРАЦИЯ | administratsija |
| SOMENTE PESSOAL AUTORIZADO | ЖААМАТ ҮЧҮН ГАНА | dӡaamat ytfyn gana |

CUIDADO CÃO FEROZ	КАБАНААК ИТ	kabanaak it
PROIBIDO FUMAR!	ТАМЕКИ ЧЕГҮҮГӨ БОЛБОЙТ!	tameki tfegyygø bolbojt!
NÃO TOCAR	КОЛУҢАР МЕНЕН КАРМАБАГЫЛА!	koluŋar menen karmabagıla!

PERIGOSO	КООПТУУ	kooptuu
PERIGO	КОРКУНУЧ	korkunutf
ALTA TENSÃO	ЖОГОРКУ ЧЫҢАЛУУ	dӡogorku tfıŋaluu
PROIBIDO NADAR	СУУГА ТҮШҮҮГӨ БОЛБОЙТ	suuga tyfyygø bolbojt
AVARIADO	ИШТЕБЕЙТ	iftebejt

INFLAMÁVEL	ӨРТ ЧЫГУУ КОРКУНУЧУ	ørt tfiguu korkunutfu
PROIBIDO	ТЫЮУ САЛЫНГАН	tijuu salıngan
ENTRADA PROIBIDA	ӨТҮҮГӨ БОЛБОЙТ	øtyygø bolbojt
CUIDADO TINTA FRESCA	СЫРДАЛГАН	sırdalgan

31. Compras

comprar (vt)	сатып алуу	satıp aluu
compra (f)	сатып алуу	satıp aluu
fazer compras	сатып алууга чыгуу	satıp aluuga tfiguu
compras (f pl)	базарчылоо	bazartfıloo

| estar aberta (loja, etc.) | иштөө | iftøø |
| estar fechada | жабылуу | dӡabıluu |

calçado (m)	бут кийим	but kijim
roupa (f)	кийим-кече	kijim-ketfe
cosméticos (m pl)	упа-эндик	upa-endik

| alimentos (m pl) | азык-түлүк | azık-tylyk |
| presente (m) | белек | belek |

| vendedor (m) | сатуучу | satuutʃu |
| vendedora (f) | сатуучу кыз | satuutʃu kız |

caixa (f)	касса	kassa
espelho (m)	күзгү	kyzgy
balcão (m)	прилавок	prilavok
cabine (f) de provas	кийим ченөөчү бөлмө	kijim tʃenøøtʃy bølmø

provar (vt)	кийим ченөө	kijim tʃenøø
servir (vi)	ылайык келүү	ılajık kelyy
gostar (apreciar)	жактыруу	dʒaktıruu

preço (m)	баа	baa
etiqueta (f) de preço	баа	baa
custar (vt)	туруу	turuu
Quanto?	Канча?	kantʃa?
desconto (m)	арзандатуу	arzandatuu

não caro	кымбат эмес	kımbat emes
barato	арзан	arzan
caro	кымбат	kımbat
É caro	Бул кымбат	bul kımbat

aluguer (m)	ижара	idʒara
alugar (vestidos, etc.)	ижарага алуу	idʒaraga aluu
crédito (m)	насыя	nasıja
a crédito	насыяга алуу	nasıjaga aluu

VESTUÁRIO & ACESSÓRIOS

32. Roupa exterior. Casacos

roupa (f)	кийим	kijim
roupa (f) exterior	үстүнкү кийим	ystyŋky kijim
roupa (f) de inverno	кышкы кийим	kıʃkı kijim
sobretudo (m)	пальто	palʲto
casaco (m) de peles	тон	ton
casaco curto (m) de peles	чолок тон	ʧolok ton
casaco (m) acolchoado	мамык олпок	mamık olpok
casaco, blusão (m)	күрмө	kyrmø
impermeável (m)	плащ	plaʃʧ
impermeável	суу өткүс	suu øtkys

33. Vestuário de homem & mulher

camisa (f)	көйнөк	køjnøk
calças (f pl)	шым	ʃım
calças (f pl) de ganga	джинсы	dʒinsı
casaco (m) de fato	бешмант	beʃmant
fato (m)	костюм	kostʉm
vestido (ex. ~ vermelho)	көйнөк	køjnøk
saia (f)	юбка	jʉbka
blusa (f)	блузка	bluzka
casaco (m) de malha	кофта	kofta
casaco, blazer (m)	кыска бешмант	kıska beʃmant
T-shirt, camiseta (f)	футболка	futbolka
calções (Bermudas, etc.)	чолок шым	ʧolok ʃım
fato (m) de treino	спорт кийими	sport kijimi
roupão (m) de banho	халат	χalat
pijama (m)	пижама	pidʒama
suéter (m)	свитер	sviter
pulôver (m)	пуловер	pulover
colete (m)	жилет	dʒilet
fraque (m)	фрак	frak
smoking (m)	смокинг	smoking
uniforme (m)	форма	forma
roupa (f) de trabalho	жумуш кийим	dʒumuʃ kijim
fato-macaco (m)	комбинезон	kombinezon
bata (~ branca, etc.)	халат	χalat

34. Vestuário. Roupa interior

roupa (f) interior	ич кийим	itʃ kijim
cuecas boxer (f pl)	эркектер чолок дамбалы	erkekter tʃolok dambalı
cuecas (f pl)	аялдар трусиги	ajaldar trusigi
camisola (f) interior	майка	majka
peúgas (f pl)	байпак	bajpak
camisa (f) de noite	жатаарда кийүүчү көйнөк	dʒataarda kijyytʃy køjnøk
sutiã (m)	бюстгальтер	bʉstgalʲter
meias longas (f pl)	гольфы	golʲfı
meia-calça (f)	колготки	kolgotki
meias (f pl)	байпак	bajpak
fato (m) de banho	купальник	kupalʲnik

35. Adereços de cabeça

chapéu (m)	топу	topu
chapéu (m) de feltro	шляпа	ʃlʲapa
boné (m) de beisebol	бейсболка	bejsbolka
boné (m)	кепка	kepka
boina (f)	берет	beret
capuz (m)	капюшон	kapʉʃon
panamá (m)	панамка	panamka
gorro (m) de malha	токулган шапка	tokulgan ʃapka
lenço (m)	жоолук	dʒooluk
chapéu (m) de mulher	шляпа	ʃlʲapa
capacete (m) de proteção	каска	kaska
bibico (m)	пилотка	pilotka
capacete (m)	шлем	ʃlem
chapéu-coco (m)	котелок	kotelok
chapéu (m) alto	цилиндр	tsılindr

36. Calçado

calçado (m)	бут кийим	but kijim
botinas (f pl)	ботинка	botinka
sapatos (de salto alto, etc.)	туфли	tufli
botas (f pl)	өтүк	øtyk
pantufas (f pl)	тапочка	tapotʃka
ténis (m pl)	кроссовка	krossovka
sapatilhas (f pl)	кеды	kedı
sandálias (f pl)	сандалии	sandalii
sapateiro (m)	өтүкчү	øtyktʃy
salto (m)	така	taka

par (m)	түгөй	tygøj
atacador (m)	боо	boo
apertar os atacadores	боолоо	booloo
calçadeira (f)	кашык	kaʃɪk
graxa (f) para calçado	өтүк май	øtyk maj

37. Acessórios pessoais

luvas (f pl)	колкап	kolkap
mitenes (f pl)	мээлей	meelej
cachecol (m)	моюн орогуч	mojʉn oroguʧ

óculos (m pl)	көз айнек	køz ajnek
armação (f) de óculos	алкак	alkak
guarda-chuva (m)	чатырча	ʧatɪrʧa
bengala (f)	аса таяк	asa tajak
escova (f) para o cabelo	тарак	tarak
leque (m)	желпингич	dʒelpingiʧ

gravata (f)	галстук	galstuk
gravata-borboleta (f)	галстук-бабочка	galstuk-babotʃka
suspensórios (m pl)	шым тарткыч	ʃɪm tartkɪʧ
lenço (m)	бетаарчы	betaarʧɪ

pente (m)	тарак	tarak
travessão (m)	чачсайгы	ʧaʧsajgɪ
gancho (m) de cabelo	шпилька	ʃpilʲka
fivela (f)	таралга	taralga

| cinto (m) | кайыш кур | kajɪʃ kur |
| correia (f) | илгич | ilgiʧ |

mala (f)	колбаштык	kolbaʃtɪk
mala (f) de senhora	кичине колбаштык	kitʃine kolbaʃtɪk
mochila (f)	жонбаштык	dʒonbaʃtɪk

38. Vestuário. Diversos

moda (f)	мода	moda
na moda	саркеч	sarketʃ
estilista (m)	модельер	modeljer

colarinho (m), gola (f)	жака	dʒaka
bolso (m)	чөнтөк	ʧøntøk
de bolso	чөнтөк	ʧøntøk
manga (f)	жең	dʒeŋ
alcinha (f)	илгич	ilgiʧ
braguilha (f)	ширинка	ʃirinka

fecho (m) de correr	молния	molnija
fecho (m), colchete (m)	топчулук	toptʃuluk
botão (m)	топчу	toptʃu

casa (f) de botão	илмек	ilmek
soltar-se (vr)	үзүлүү	yzylyy

coser, costurar (vi)	тигүү	tigyy
bordar (vt)	сайма саюу	sajma sajɐu
bordado (m)	сайма	sajma
agulha (f)	ийне	ijne
fio (m)	жип	dʒip
costura (f)	тигиш	tigiʃ

sujar-se (vr)	булгап алуу	bulgap aluu
mancha (f)	так	tak
engelhar-se (vr)	бырышып калуу	bırıʃıp kaluu
rasgar (vt)	айрылуу	ajrıluu
traça (f)	күбө	kybø

39. Cuidados pessoais. Cosméticos

pasta (f) de dentes	тиш пастасы	tiʃ pastası
escova (f) de dentes	тиш щёткасы	tiʃ ʃtʃotkası
escovar os dentes	тиш жуу	tiʃ dʒuu

máquina (f) de barbear	устара	ustara
creme (m) de barbear	кырынуу үчүн көбүк	kırınuu ytʃyn købyk
barbear-se (vr)	кырынуу	kırınuu

sabonete (m)	самын	samın
champô (m)	шампунь	ʃampunʲ

tesoura (f)	кайчы	kajtʃı
lima (f) de unhas	тырмак өгөө	tırmak øgøø
corta-unhas (m)	тырмак кычкачы	tırmak kıtʃkatʃı
pinça (f)	искек	iskek

cosméticos (m pl)	упа-эндик	upa-endik
máscara (f) facial	маска	maska
manicura (f)	маникюр	manikɐr
fazer a manicura	маникюр жасоо	manikdʒɐr dʒasoo
pedicure (f)	педикюр	pedikɐr

mala (f) de maquilhagem	косметичка	kosmetitʃka
pó (m)	упа	upa
caixa (f) de pó	упа кутусу	upa kutusu
blush (m)	эндик	endik

perfume (m)	атыр	atır
água (f) de toilette	туалет атыр суусу	tualet atır suusu
loção (f)	лосьон	losʲon
água-de-colónia (f)	одеколон	odekolon

sombra (f) de olhos	көз боёгу	køz bojogu
lápis (m) delineador	көз карандашы	køz karandaʃı
máscara (f), rímel (m)	кирпик үчүн боек	kirpik ytʃyn boek
batom (m)	эрин помадасы	erin pomadası

verniz (m) de unhas	тырмак үчүн лак	tırmak ytʃyn lak
laca (f) para cabelos	чач үчүн лак	tʃatʃ ytʃyn lak
desodorizante (m)	дезодорант	dezodorant

creme (m)	крем	krem
creme (m) de rosto	бетмай	betmaj
creme (m) de mãos	кол үчүн май	kol ytʃyn maj
creme (m) antirrugas	бырыштарга каршы бет май	bırıʃtarga karʃı bet maj

creme (m) de dia	күндүзгү бет май	kyndyzgy bet maj
creme (m) de noite	түнкү бет май	tynky bet maj
de dia	күндүзгү	kyndyzgy
da noite	түнкү	tynky

tampão (m)	тампон	tampon
papel (m) higiénico	даарат кагазы	daarat kagazı
secador (m) elétrico	фен	fen

40. Relógios de pulso. Relógios

relógio (m) de pulso	кол саат	kol saat
mostrador (m)	циферблат	tsıferblat
ponteiro (m)	жебе	dʒebe
bracelete (f) em aço	браслет	braslet
bracelete (f) em couro	кайыш кур	kajıʃ kur

pilha (f)	батарейка	batarejka
descarregar-se	зарядканын түгөнүүсү	zarʲadkanın tygønyysy
trocar a pilha	батарейка алмаштыруу	batarejka almaʃtıruu
estar adiantado	алдыга кетүү	aldıga ketyy
estar atrasado	калуу	kaluu

relógio (m) de parede	дубалга тагуучу саат	dubalga taguutʃu saat
ampulheta (f)	кум саат	kum saat
relógio (m) de sol	күн саат	kyn saat
despertador (m)	ойготкуч саат	ojgotkutʃ saat
relojoeiro (m)	саат устасы	saat ustası
reparar (vt)	оңдоо	oŋdoo

EXPERIÊNCIA DO QUOTIDIANO

41. Dinheiro

dinheiro (m)	акча	akt͡ʃa
câmbio (m)	алмаштыруу	almaʃtıruu
taxa (f) de câmbio	курс	kurs
Caixa Multibanco (m)	банкомат	bankomat
moeda (f)	тыйын	tıjın
dólar (m)	доллар	dollar
euro (m)	евро	evro
lira (f)	италиялык лира	italijalık lira
marco (m)	немис маркасы	nemis markası
franco (m)	франк	frank
libra (f) esterlina	фунт стерлинг	funt sterling
iene (m)	йена	jena
dívida (f)	карыз	karız
devedor (m)	карыздар	karızdar
emprestar (vt)	карызга берүү	karızga beryy
pedir emprestado	карызга алуу	karızga aluu
banco (m)	банк	bank
conta (f)	эсеп	esep
depositar (vt)	салуу	saluu
depositar na conta	эсепке акча салуу	esepke akt͡ʃa saluu
levantar (vt)	эсептен акча чыгаруу	esepten akt͡ʃa t͡ʃıgaruu
cartão (m) de crédito	насыя картасы	nasija kartası
dinheiro (m) vivo	накталай акча	naktalaj akt͡ʃa
cheque (m)	чек	t͡ʃek
passar um cheque	чек жазып берүү	t͡ʃek dʒazıp beryy
livro (m) de cheques	чек китепчеси	t͡ʃek kitept͡ʃesi
carteira (f)	намыян	namıjan
porta-moedas (m)	капчык	kapt͡ʃık
cofre (m)	сейф	sejf
herdeiro (m)	мураскер	murasker
herança (f)	мурас	muras
fortuna (riqueza)	мүлк	mylk
arrendamento (m)	ижара	idʒara
renda (f) de casa	батир акысы	batir akısı
alugar (vt)	батирге алуу	batirge aluu
preço (m)	баа	baa
custo (m)	баа	baa

soma (f)	сумма	summa
gastar (vt)	коротуу	korotuu
gastos (m pl)	чыгым	tʃɯgɯm
economizar (vi)	үнөмдөө	ynømdøø
económico	сарамжал	saramdʒal

pagar (vt)	төлөө	tøløø
pagamento (m)	акы төлөө	akɯ tøløø
troco (m)	кайтарылган майда акча	kajtarɯlgan majda aktʃa

imposto (m)	салык	salɯk
multa (f)	айып	ajɯp
multar (vt)	айып пул салуу	ajɯp pul saluu

42. Correios. Serviço postal

correios (m pl)	почта	potʃta
correio (m)	почта	potʃta
carteiro (m)	кат ташуучу	kat taʃuutʃu
horário (m)	иш сааттары	iʃ saattarɯ

carta (f)	кат	kat
carta (f) registada	тапшырык кат	tapʃɯrɯk kat
postal (m)	открытка	otkrɯtka
telegrama (m)	телеграмма	telegramma
encomenda (f) postal	посылка	posɯlka
remessa (f) de dinheiro	акча которуу	aktʃa kotoruu

receber (vt)	алуу	aluu
enviar (vt)	жөнөтүү	dʒønøtyy
envio (m)	жөнөтүү	dʒønøtyy
endereço (m)	дарек	darek
código (m) postal	индекс	indeks
remetente (m)	жөнөтүүчү	dʒønøtyytʃy
destinatário (m)	алуучу	aluutʃu

nome (m)	аты	atɯ
apelido (m)	фамилиясы	familijasɯ
tarifa (f)	тариф	tarif
ordinário	жөнөкөй	dʒønøkøj
económico	үнөмдүү	ynømdyy

peso (m)	салмак	salmak
pesar (estabelecer o peso)	таразалоо	tarazaloo
envelope (m)	конверт	konvert
selo (m)	марка	marka
colar o selo	марка жабыштыруу	marka dʒabɯʃtɯruu

43. Banca

| banco (m) | банк | bank |
| sucursal, balcão (f) | бөлүм | bølym |

| consultor (m) | кеңешчи | keŋeʃʧi |
| gerente (m) | башкаруучу | baʃkaruuʧu |

conta (f)	эсеп	esep
número (m) da conta	эсеп номери	esep nomeri
conta (f) corrente	учурдагы эсеп	uʧurdagı esep
conta (f) poupança	топтолмо эсеп	toptolmo esep

abrir uma conta	эсеп ачуу	esep aʧuu
fechar uma conta	эсеп жабуу	esep ʤabuu
depositar na conta	эсепке акча салуу	esepke akʧa saluu
levantar (vt)	эсептен акча чыгаруу	esepten akʧa ʧıgaruu

depósito (m)	аманат	amanat
fazer um depósito	аманат кылуу	amanat kıluu
transferência (f) bancária	акча которуу	akʧa kotoruu
transferir (vt)	акча которуу	akʧa kotoruu

| soma (f) | сумма | summa |
| Quanto? | Канча? | kanʧa? |

| assinatura (f) | кол тамга | kol tamga |
| assinar (vt) | кол коюу | kol kojuu |

cartão (m) de crédito	насыя картасы	nasıja kartası
código (m)	код	kod
número (m) do cartão de crédito	насыя картанын номери	nasıja kartanın nomeri
Caixa Multibanco (m)	банкомат	bankomat

cheque (m)	чек	ʧek
passar um cheque	чек жазып берүү	ʧek ʤazıp beryy
livro (m) de cheques	чек китепчеси	ʧek kitepʧesi

empréstimo (m)	насыя	nasıja
pedir um empréstimo	насыя үчүн кайрылуу	nasıja yʧyn kajrıluu
obter um empréstimo	насыя алуу	nasıja aluu
conceder um empréstimo	насыя берүү	nasıja beryy
garantia (f)	кепилдик	kepildik

44. Telefone. Conversação telefónica

telefone (m)	телефон	telefon
telemóvel (m)	мобилдик	mobildik
secretária (f) electrónica	автоматтык жооп берүүчү	avtomattık ʤoop beryyʧy

| fazer uma chamada | чалуу | ʧaluu |
| chamada (f) | чакыруу | ʧakıruu |

marcar um número	номер терүү	nomer teryy
Alô!	Алло!	allo!
perguntar (vt)	суроо	suroo
responder (vt)	жооп берүү	ʤoop beryy
ouvir (vt)	угуу	uguu

bem	жакшы	dʒakʃı
mal	жаман	dʒaman
ruído (m)	ызы-чуу	ızı-ʧuu

auscultador (m)	трубка	trubka
pegar o telefone	трубканы алуу	trubkanı aluu
desligar (vi)	трубканы коюу	trubkanı kojʉu

ocupado	бош эмес	boʃ emes
tocar (vi)	шыңгыроо	ʃıŋgıroo
lista (f) telefónica	телефондук китепче	telefonduk kitepʧe

local	жергиликтүү	dʒergiliktyy
chamada (f) local	жергиликтүү чакыруу	dʒergiliktyy ʧakıruu
de longa distância	шаар аралык	ʃaar aralık
chamada (f) de longa distância	шаар аралык чакыруу	ʃaar aralık ʧakıruu
internacional	эл аралык	el aralık
chamada (f) internacional	эл аралык чакыруу	el aralık ʧakıruu

45. Telefone móvel

telemóvel (m)	мобилдик	mobildik
ecrã (m)	дисплей	displej
botão (m)	баскыч	baskıʧ
cartão SIM (m)	SIM-карта	sim-karta

bateria (f)	батарея	batareja
descarregar-se	зарядканын түгөнүүсү	zarʲadkanın tygønyysy
carregador (m)	заряддоочу шайман	zarʲaddooʧu ʃajman

menu (m)	меню	menʉ
definições (f pl)	орнотуулар	ornotuular
melodia (f)	обон	obon
escolher (vt)	тандоо	tandoo

calculadora (f)	калькулятор	kalʲkulʲator
correio (m) de voz	автоматтык жооп бергич	avtomattık dʒoop bergiʧ
despertador (m)	ойготкуч	ojgotkuʧ
contatos (m pl)	байланыштар	bajlanıʃtar

| mensagem (f) de texto | SMS-кабар | esemes-kabar |
| assinante (m) | абонент | abonent |

46. Estacionário

| caneta (f) | калем сап | kalem sap |
| caneta (f) tinteiro | калем уч | kalem uʧ |

lápis (m)	карандаш	karandaʃ
marcador (m)	маркер	marker
caneta (f) de feltro	фломастер	flomaster

| bloco (m) de notas | депterче | depterʧe |
| agenda (f) | күндөлүк | kyndølyk |

régua (f)	сызгыч	sızgıʧ
calculadora (f)	калькулятор	kalʲkulʲator
borracha (f)	өчүргүч	øʧyrgyʧ
pionés (m)	кнопка	knopka
clipe (m)	кыскыч	kıskıʧ

cola (f)	желим	ʤelim
agrafador (m)	степлер	stepler
furador (m)	тешкич	teʃkiʧ
afia-lápis (m)	учтагыч	uʧtagıʧ

47. Línguas estrangeiras

língua (f)	тил	til
estrangeiro	чет	ʧet
língua (f) estrangeira	чет тил	ʧet til
estudar (vt)	окуу	okuu
aprender (vt)	үйрөнүү	yjrønyy

ler (vt)	окуу	okuu
falar (vi)	сүйлөө	syjløø
compreender (vt)	түшүнүү	tyʃynyy
escrever (vt)	жазуу	ʤazuu

rapidamente	тез	tez
devagar	жай	ʤaj
fluentemente	эркин	erkin

regras (f pl)	эрежелер	ereʤeler
gramática (f)	грамматика	grammatika
vocabulário (m)	лексика	leksika
fonética (f)	фонетика	fonetika

manual (m) escolar	китеп	kitep
dicionário (m)	сөздүк	søzdyk
manual (m) de autoaprendizagem	өзү үйреткүч	øzy yjrøtkyʧ
guia (m) de conversação	тилачар	tilaʧar

cassete (f)	кассета	kasseta
vídeo cassete (m)	видеокассета	videokasseta
CD (m)	CD, компакт-диск	sidi, kompakt-disk
DVD (m)	DVD-диск	dividi-disk

alfabeto (m)	алфавит	alfavit
soletrar (vt)	эжелеп айтуу	edʒelep ajtuu
pronúncia (f)	айтылышы	ajtılıʃı

sotaque (m)	акцент	akʦent
com sotaque	акцент менен	akʦent menen
sem sotaque	акцентсиз	akʦentsiz

| palavra (f) | сөз | søz |
| sentido (m) | маани | maani |

cursos (m pl)	курстар	kurstar
inscrever-se (vr)	курска жазылуу	kurska dʒazıluu
professor (m)	окутуучу	okutuutʃu

tradução (processo)	которуу	kotoruu
tradução (texto)	котормо	kotormo
tradutor (m)	котормочу	kotormotʃu
intérprete (m)	оозеки котормочу	oozeki kotormotʃu

| poliglota (m) | полиглот | poliglot |
| memória (f) | эс тутум | es tutum |

REFEIÇÕES. RESTAURANTE

48. Por a mesa

colher (f)	кашык	kaʃık
faca (f)	бычак	bıʧak
garfo (m)	вилка	vilka
chávena (f)	чөйчөк	ʧøjʧøk
prato (m)	табак	tabak
pires (m)	табак	tabak
guardanapo (m)	майлык	majlık
palito (m)	тиш чукугуч	tiʃ ʧukuguʧ

49. Restaurante

restaurante (m)	ресторан	restoran
café (m)	кофекана	kofekana
bar (m), cervejaria (f)	бар	bar
salão (m) de chá	чай салону	ʧaj salonu
empregado (m) de mesa	официант	ofitsiant
empregada (f) de mesa	официант кыз	ofitsiant kız
barman (m)	бармен	barmen
ementa (f)	меню	menʉ
lista (f) de vinhos	шарап картасы	ʃarap kartası
reservar uma mesa	столду камдык буйрутмалоо	stoldu kamdık bujrutmaloo
prato (m)	тамак	tamak
pedir (vt)	буйрутма кылуу	bujrutma kıluu
fazer o pedido	буйрутма берүү	bujrutma beryy
aperitivo (m)	аперитив	aperitiv
entrada (f)	ысылык	ısılık
sobremesa (f)	десерт	desert
conta (f)	эсеп	esep
pagar a conta	эсеп төлөө	esep tøløø
dar o troco	майда акчаны кайтаруу	majda akʧanı kajtaruu
gorjeta (f)	чайпул	ʧajpul

50. Refeições

comida (f)	тамак	tamak
comer (vt)	тамактануу	tamaktanuu

pequeno-almoço (m)	таңкы тамак	taŋkı tamak
tomar o pequeno-almoço	эртең менен тамактануу	erteŋ menen tamaktanuu
almoço (m)	түшкү тамак	tyʃky tamak
almoçar (vi)	түштөнүү	tyʃtønyy
jantar (m)	кечки тамак	ketʃki tamak
jantar (vi)	кечки тамакты ичүү	ketʃki tamaktı iʧyy

| apetite (m) | табит | tabit |
| Bom apetite! | Тамагыңыз таттуу болсун! | tamagıŋız tattuu bolsun! |

abrir (~ uma lata, etc.)	ачуу	aʧuu
derramar (vt)	төгүп алуу	tøgyp aluu
derramar-se (vr)	төгүлүү	tøgylyy

ferver (vi)	кайноо	kajnoo
ferver (vt)	кайнатуу	kajnatuu
fervido	кайнатылган	kajnatılgan
arrefecer (vt)	суутуу	suutuu
arrefecer-se (vr)	сууп туруу	suup turuu

| sabor, gosto (m) | даам | daam |
| gostinho (m) | даамдануу | daamdanuu |

fazer dieta	арыктоо	arıktoo
dieta (f)	мүнөз тамак	mynøz tamak
vitamina (f)	витамин	vitamin
caloria (f)	калория	kalorija
vegetariano (m)	эттен чанган	etten ʧangan
vegetariano	этсиз даярдалган	etsiz dajardalgan

gorduras (f pl)	майлар	majlar
proteínas (f pl)	белоктор	beloktor
carboidratos (m pl)	көмүрсуулар	kømyrsuular

fatia (~ de limão, etc.)	кесим	kesim
pedaço (~ de bolo)	бөлүк	bølyk
migalha (f)	күкүм	kykym

51. Pratos cozinhados

prato (m)	тамак	tamak
cozinha (~ portuguesa)	даам	daam
receita (f)	тамак жасоо ыкмасы	tamak dʒasoo ıkması
porção (f)	порция	portsija

| salada (f) | салат | salat |
| sopa (f) | сорпо | sorpo |

caldo (m)	ынак сорпо	ınak sorpo
sandes (f)	бутерброд	buterbrod
ovos (m pl) estrelados	куурулган жумуртка	kuurulgan dʒumurtka
hambúrguer (m)	гамбургер	gamburger
bife (m)	бифштекс	bifʃteks

conduto (m)	гарнир	garnir
espaguete (m)	спагетти	spagetti
puré (m) de batata	эзилген картошка	ezilgen kartoʃka
pizza (f)	пицца	piʦa
papa (f)	ботко	botko
omelete (f)	омлет	omlet

cozido em água	сууга бышырылган	suuga bıʃırılgan
fumado	ышталган	ıʃtalgan
frito	куурулган	kuurulgan
seco	кургатылган	kurgatılgan
congelado	тоңдурулган	toŋdurulgan
em conserva	маринаддагы	marinaddagı

doce (açucarado)	таттуу	tattuu
salgado	туздуу	tuzduu
frio	муздак	muzdak
quente	ысык	ısık
amargo	ачуу	atʃuu
gostoso	даамдуу	daamduu

cozinhar (em água a ferver)	кайнатуу	kajnatuu
fazer, preparar (vt)	тамак бышыруу	tamak bıʃıruu
fritar (vt)	кууруу	kuuruu
aquecer (vt)	жылытуу	dʒılıtuu

salgar (vt)	туздоо	tuzdoo
apimentar (vt)	калемпир кошуу	kalempir koʃuu
ralar (vt)	сүргүлөө	syrgyløø
casca (f)	сырты	sırtı
descascar (vt)	тазалоо	tazaloo

52. Comida

carne (f)	эт	et
galinha (f)	тоок	took
frango (m)	балапан	balapan
pato (m)	өрдөк	ørdøk
ganso (m)	каз	kaz
caça (f)	илбээсин	ilbeesin
peru (m)	күрп	kyrp

carne (f) de porco	чочко эти	tʃotʃko eti
carne (f) de vitela	торпок эти	torpok eti
carne (f) de carneiro	кой эти	koj eti
carne (f) de vaca	уй эти	uj eti
carne (f) de coelho	коен	koen

chouriço, salsichão (m)	колбаса	kolbasa
salsicha (f)	сосиска	sosiska
bacon (m)	бекон	bekon
fiambre (f)	ветчина	vettʃina
presunto (m)	сан эт	san et
patê (m)	паштет	paʃtet

fígado (m)	боор	boor
carne (f) moída	фарш	farʃ
língua (f)	тил	til

ovo (m)	жумуртка	dʒumurtka
ovos (m pl)	жумурткалар	dʒumurtkalar
clara (f) do ovo	жумуртканын агы	dʒumurtkanın agı
gema (f) do ovo	жумуртканын сарысы	dʒumurtkanın sarısı

peixe (m)	балык	balık
mariscos (m pl)	деңиз азыктары	deŋiz azıktarı
crustáceos (m pl)	рак сыяктуулар	rak sıjaktuular
caviar (m)	урук	uruk

caranguejo (m)	краб	krab
camarão (m)	креветка	krevetka
ostra (f)	устрица	ustritsa
lagosta (f)	лангуст	langust
polvo (m)	сегиз бут	segiz but
lula (f)	кальмар	kalʲmar

esturjão (m)	осетрина	osetrina
salmão (m)	лосось	lososʲ
halibute (m)	палтус	paltus

bacalhau (m)	треска	treska
cavala, sarda (f)	скумбрия	skumbrija
atum (m)	тунец	tunets
enguia (f)	угорь	ugorʲ

truta (f)	форель	forelʲ
sardinha (f)	сардина	sardina
lúcio (m)	чортон	tʃorton
arenque (m)	сельдь	selʲdʲ

pão (m)	нан	nan
queijo (m)	сыр	sır
açúcar (m)	кум шекер	kum-ʃeker
sal (m)	туз	tuz

arroz (m)	күрүч	kyrytʃ
massas (f pl)	макарон	makaron
talharim (m)	кесме	kesme

manteiga (f)	ак май	ak maj
óleo (m) vegetal	өсүмдүк майы	øsymdyk majı
óleo (m) de girassol	күн карама майы	kyn karama majı
margarina (f)	маргарин	margarin

| azeitonas (f pl) | зайтун | zajtun |
| azeite (m) | зайтун майы | zajtun majı |

leite (m)	сүт	syt
leite (m) condensado	коютулган сүт	kojʉtulgan syt
iogurte (m)	йогурт	jogurt
nata (f) azeda	сметана	smetana

nata (f) do leite	каймак	kajmak
maionese (f)	майонез	majonez
creme (m)	крем	krem

grãos (m pl) de cereais	акшак	akʃak
farinha (f)	ун	un
enlatados (m pl)	консерва	konserva

flocos (m pl) de milho	жарылган жүгөрү	dʒarılgan dʒygøry
mel (m)	бал	bal
doce (m)	джем, конфитюр	dʒem, konfitʉr
pastilha (f) elástica	сагыз	sagız

53. Bebidas

água (f)	суу	suu
água (f) potável	ичүүчү суу	itʃyytʃy suu
água (f) mineral	минерал суусу	mineral suusu

sem gás	газсыз	gazsız
gaseificada	газдалган	gazdalgan
com gás	газы менен	gazı menen
gelo (m)	муз	muz
com gelo	музу менен	muzu menen

sem álcool	алкоголсуз	alkogolsuz
bebida (f) sem álcool	алкоголсуз ичимдик	alkogolsuz itʃimdik
refresco (m)	суусундук	suusunduk
limonada (f)	лимонад	limonad

bebidas (f pl) alcoólicas	спирт ичимдиктери	spirt itʃimdikteri
vinho (m)	шарап	ʃarap
vinho (m) branco	ак шарап	ak ʃarap
vinho (m) tinto	кызыл шарап	kızıl ʃarap

licor (m)	ликёр	likʲor
champanhe (m)	шампан	ʃampan
vermute (m)	вермут	vermut

uísque (m)	виски	viski
vodka (f)	арак	arak
gim (m)	джин	dʒin
conhaque (m)	коньяк	konjak
rum (m)	ром	rom

café (m)	кофе	kofe
café (m) puro	кара кофе	kara kofe
café (m) com leite	сүттөлгөн кофе	syttølgøn kofe
cappuccino (m)	капучино	kaputʃino
café (m) solúvel	эрүүчү кофе	eryytʃy kofe

leite (m)	сүт	syt
coquetel (m)	коктейль	koktejlʲ
batido (m) de leite	сүт коктейли	syt koktejli

sumo (m)	шире	ʃire
sumo (m) de tomate	томат ширеси	tomat ʃiresi
sumo (m) de laranja	апельсин ширеси	apelʲsin ʃiresi
sumo (m) fresco	түз сыгылып алынган шире	tyz sıgılıp alıngan ʃire

cerveja (f)	сыра	sıra
cerveja (f) clara	ачык сыра	atʃık sıra
cerveja (f) preta	коңур сыра	koŋur sıra

chá (m)	чай	tʃaj
chá (m) preto	кара чай	kara tʃaj
chá (m) verde	жашыл чай	dʒaʃıl tʃaj

54. Vegetais

| legumes (m pl) | жашылча | dʒaʃıltʃa |
| verduras (f pl) | көк чөп | køk tʃøp |

tomate (m)	помидор	pomidor
pepino (m)	бадыраң	badıraŋ
cenoura (f)	сабиз	sabiz
batata (f)	картошка	kartoʃka
cebola (f)	пияз	pijaz
alho (m)	сарымсак	sarımsak

couve (f)	капуста	kapusta
couve-flor (f)	гүлдүү капуста	gyldyy kapusta
couve-de-bruxelas (f)	брюссель капустасы	brusselʲ kapustası
brócolos (m pl)	брокколи капустасы	brokkoli kapustası

beterraba (f)	кызылча	kızıltʃa
beringela (f)	баклажан	bakladʒan
curgete (f)	кабачок	kabatʃok
abóbora (f)	ашкабак	aʃkabak
nabo (m)	шалгам	ʃalgam

salsa (f)	петрушка	petruʃka
funcho, endro (m)	укроп	ukrop
alface (f)	салат	salat
aipo (m)	сельдерей	selʲderej

| espargo (m) | спаржа | spardʒa |
| espinafre (m) | шпинат | ʃpinat |

| ervilha (f) | нокот | nokot |
| fava (f) | буурчак | buurtʃak |

| milho (m) | жүгөрү | dʒygøry |
| feijão (m) | төө буурчак | tøø buurtʃak |

pimentão (m)	таттуу перец	tattuu perets
rabanete (m)	шалгам	ʃalgam
alcachofra (f)	артишок	artiʃok

55. Frutos. Nozes

fruta (f)	мөмө	mømø
maçã (f)	алма	alma
pera (f)	алмурут	almurut
limão (m)	лимон	limon
laranja (f)	апельсин	apelʲsin
morango (m)	кулпунай	kulpunaj
tangerina (f)	мандарин	mandarin
ameixa (f)	кара өрүк	kara øryk
pêssego (m)	шабдаалы	ʃabdaalɪ
damasco (m)	өрүк	øryk
framboesa (f)	дан куурай	dan kuuraj
ananás (m)	ананас	ananas
banana (f)	банан	banan
melancia (f)	арбуз	arbuz
uva (f)	жүзүм	dʒyzym
ginja (f)	алча	altʃa
cereja (f)	гилас	gilas
meloa (f)	коон	koon
toranja (f)	грейпфрут	grejpfrut
abacate (m)	авокадо	avokado
papaia (f)	папайя	papaja
manga (f)	манго	mango
romã (f)	анар	anar
groselha (f) vermelha	кызыл карагат	kɪzɪl karagat
groselha (f) preta	кара карагат	kara karagat
groselha (f) espinhosa	крыжовник	krɪdʒovnik
mirtilo (m)	кара моюл	kara mojʉl
amora silvestre (f)	кара бүлдүркөн	kara byldyrkøn
uvas (f pl) passas	мейиз	mejiz
figo (m)	анжир	andʒir
tâmara (f)	курма	kurma
amendoim (m)	арахис	araχis
amêndoa (f)	бадам	badam
noz (f)	жаңгак	dʒaŋgak
avelã (f)	токой жаңгагы	tokoj dʒaŋgagɪ
coco (m)	кокос жаңгагы	kokos dʒaŋgagɪ
pistáchios (m pl)	мисте	miste

56. Pão. Bolaria

pastelaria (f)	кондитер азыктары	konditer azɪktarɪ
pão (m)	нан	nan
bolacha (f)	печенье	petʃenje
chocolate (m)	шоколад	ʃokolad
de chocolate	шоколаддан	ʃokoladdan

rebuçado (m)	конфета	konfeta
bolo (cupcake, etc.)	пирожное	pirodʒnoe
bolo (m) de aniversário	торт	tort
tarte (~ de maçã)	пирог	pirog
recheio (m)	начинка	natʃinka
doce (m)	кыям	kıjam
geleia (f) de frutas	мармелад	marmelad
waffle (m)	вафли	vafli
gelado (m)	бал муздак	bal muzdak
pudim (m)	пудинг	puding

57. Especiarias

sal (m)	туз	tuz
salgado	туздуу	tuzduu
salgar (vt)	туздоо	tuzdoo
pimenta (f) preta	кара мурч	kara murtʃ
pimenta (f) vermelha	кызыл калемпир	kızıl kalempir
mostarda (f)	горчица	gortʃitsa
raiz-forte (f)	хрен	χren
condimento (m)	татымал	tatımal
especiaria (f)	татымал	tatımal
molho (m)	соус	sous
vinagre (m)	уксус	uksus
anis (m)	анис	anis
manjericão (m)	райхон	rajχon
cravo (m)	гвоздика	gvozdika
gengibre (m)	имбирь	imbirʲ
coentro (m)	кориандр	koriandr
canela (f)	корица	koritsa
sésamo (m)	кунжут	kundʒut
folhas (f pl) de louro	лавр жалбырагы	lavr dʒalbıragı
páprica (f)	паприка	paprika
cominho (m)	зира	zira
açafrão (m)	заапаран	zaaparan

INFORMAÇÃO PESSOAL. FAMÍLIA

58. Informação pessoal. Formulários

nome (m)	аты	atı
apelido (m)	фамилиясы	familijası
data (f) de nascimento	төрөлгөн күнү	tørølgøn kyny
local (m) de nascimento	туулган жери	tuulgan dʒeri
nacionalidade (f)	улуту	ulutu
lugar (m) de residência	жашаган жери	dʒaʃagan dʒeri
país (m)	өлкө	ølkø
profissão (f)	кесиби	kesibi
sexo (m)	жынысы	dʒınısı
estatura (f)	бою	boju
peso (m)	салмак	salmak

59. Membros da família. Parentes

mãe (f)	эне	ene
pai (m)	ата	ata
filho (m)	уул	uul
filha (f)	кыз	kız
filha (f) mais nova	кичүү кыз	kitʃyy kız
filho (m) mais novo	кичүү уул	kitʃyy uul
filha (f) mais velha	улуу кыз	uluu kız
filho (m) mais velho	улуу уул	uluu uul
irmão (m)	бир тууган	bir tuugan
irmão (m) mais velho	байке	bajke
irmão (m) mais novo	ини	ini
irmã (f)	бир тууган	bir tuugan
irmã (f) mais velha	эже	edʒe
irmã (f) mais nova	синди	siŋdi
primo (m)	атасы же энеси	atası dʒe enesi
	бир тууган	bir tuugan
prima (f)	атасы же энеси	atası dʒe enesi
	бир тууган	bir tuugan
mamã (f)	апа	apa
papá (m)	ата	ata
pais (pl)	ата-эне	ata-ene
criança (f)	бала	bala
crianças (f pl)	балдар	baldar
avó (f)	чоң апа	tʃoŋ apa

avô (m)	чоң ата	tʃoŋ ata
neto (m)	небере бала	nebere bala
neta (f)	небере кыз	nebere kız
netos (pl)	неберелер	nebereler
tio (m)	таяке	tajake
tia (f)	таяже	tajadʒe
sobrinho (m)	ини	ini
sobrinha (f)	жээн	dʒeen
sogra (f)	кайын эне	kajın ene
sogro (m)	кайын ата	kajın ata
genro (m)	күйөө бала	kyjøø bala
madrasta (f)	өгөй эне	øgøj ene
padrasto (m)	өгөй ата	øgøj ata
criança (f) de colo	эмчектеги бала	emtʃektegi bala
bebé (m)	ымыркай	ımırkaj
menino (m)	бөбөк	bøbøk
mulher (f)	аял	ajal
marido (m)	эр	er
esposo (m)	күйөө	kyjøø
esposa (f)	зайып	zajıp
casado	аялы бар	ajalı bar
casada	күйөөдө	kyjøødø
solteiro	бойдок	bojdok
solteirão (m)	бойдок	bojdok
divorciado	ажырашкан	adʒıraʃkan
viúva (f)	жесир	dʒesir
viúvo (m)	жесир	dʒesir
parente (m)	тууган	tuugan
parente (m) próximo	жакын тууган	dʒakın tuugan
parente (m) distante	алыс тууган	alıs tuugan
parentes (m pl)	бир тууган	bir tuugan
órfão (m), órfã (f)	жетим	dʒetim
tutor (m)	камкорчу	kamkortʃu
adotar (um filho)	уул кылып асырап алуу	uul kılıp asırap aluu
adotar (uma filha)	кыз кылып асырап алуу	kız kılıp asırap aluu

60. Amigos. Colegas de trabalho

amigo (m)	дос	dos
amiga (f)	курбу	kurbu
amizade (f)	достук	dostuk
ser amigos	достошуу	dostoʃuu
amigo (m)	шерик	ʃerik
amiga (f)	шерик кыз	ʃerik kız
parceiro (m)	өнөктөш	ønøktøʃ
chefe (m)	башчы	baʃtʃı

superior (m)	башчы	baʃʧı
proprietário (m)	кожоюн	kodʒodʒʉn
subordinado (m)	кол астындагы	kol astındagı
colega (m)	кесиптеш	kesipteʃ
conhecido (m)	тааныш	taanıʃ
companheiro (m) de viagem	жолдош	dʒoldoʃ
colega (m) de classe	классташ	klasstaʃ
vizinho (m)	кошуна	koʃuna
vizinha (f)	кошуна	koʃuna
vizinhos (pl)	кошуналар	koʃunalar

CORPO HUMANO. MEDICINA

61. Cabeça

cabeça (f)	баш	baʃ
cara (f)	бет	bet
nariz (m)	мурун	murun
boca (f)	ооз	ooz
olho (m)	көз	køz
olhos (m pl)	көздөр	køzdør
pupila (f)	карек	karek
sobrancelha (f)	каш	kaʃ
pestana (f)	кирпик	kirpik
pálpebra (f)	кабак	kabak
língua (f)	тил	til
dente (m)	тиш	tiʃ
lábios (m pl)	эриндер	erinder
maçãs (f pl) do rosto	бет сөөгү	bet søøgy
gengiva (f)	тиш эти	tiʃ eti
palato (m)	таңдай	taŋdaj
narinas (f pl)	мурун тешиги	murun teʃigi
queixo (m)	ээк	eek
mandíbula (f)	жаак	dʒaak
bochecha (f)	бет	bet
testa (f)	чеке	tʃeke
têmpora (f)	чыкый	tʃɪkɪj
orelha (f)	кулак	kulak
nuca (f)	желке	dʒelke
pescoço (m)	моюн	mojʉn
garganta (f)	тамак	tamak
cabelos (m pl)	чач	tʃatʃ
penteado (m)	чач жасоо	tʃatʃ dʒasoo
corte (m) de cabelo	чач кыркуу	tʃatʃ kɪrkuu
peruca (f)	парик	parik
bigode (m)	мурут	murut
barba (f)	сакал	sakal
usar, ter (~ barba, etc.)	мурут коюу	murut kojʉu
trança (f)	өрүм чач	ørym tʃatʃ
suíças (f pl)	бакенбарда	bakenbarda
ruivo	сары	sarɪ
grisalho	ак чачтуу	ak tʃatʃtuu
calvo	таз	taz
calva (f)	кашка	kaʃka

| rabo-de-cavalo (m) | куйрук | kujruk |
| franja (f) | көкүл | køkyl |

62. Corpo humano

| mão (f) | беш манжа | beʃ mandʒa |
| braço (m) | кол | kol |

dedo (m)	манжа	mandʒa
dedo (m) do pé	манжа	mandʒa
polegar (m)	бармак	barmak
dedo (m) mindinho	чыпалак	tʃɪpalak
unha (f)	тырмак	tɪrmak

punho (m)	муштум	muʃtum
palma (f) da mão	алакан	alakan
pulso (m)	билек	bilek
antebraço (m)	каруу	karuu
cotovelo (m)	чыканак	tʃɪkanak
ombro (m)	ийин	ijin

perna (f)	бут	but
pé (m)	таман	taman
joelho (m)	тизе	tize
barriga (f) da perna	балтыр	baltɪr
anca (f)	сан	san
calcanhar (m)	согончок	sogontʃok

corpo (m)	дене	dene
barriga (f)	курсак	kursak
peito (m)	төш	tøʃ
seio (m)	эмчек	emtʃek
lado (m)	каптал	kaptal
costas (f pl)	арка жон	arka dʒon
região (f) lombar	бел	bel
cintura (f)	бел	bel

umbigo (m)	киндик	kindik
nádegas (f pl)	жамбаш	dʒambaʃ
traseiro (m)	көчүк	køtʃyk

sinal (m)	мең	meŋ
sinal (m) de nascença	кал	kal
tatuagem (f)	татуировка	tatuirovka
cicatriz (f)	тырык	tɪrɪk

63. Doenças

doença (f)	оору	ooru
estar doente	ооруу	ooruu
saúde (f)	ден-соолук	den-sooluk
nariz (m) a escorrer	мурдунан суу агуу	murdunan suu aguu

amigdalite (f)	ангина	angina
constipação (f)	суук тийүү	suuk tijyy
constipar-se (vr)	суук тийгизип алуу	suuk tijgizip aluu
bronquite (f)	бронхит	bronχit
pneumonia (f)	кабыргадан сезгенүү	kabırgadan sezgenyy
gripe (f)	сасык тумоо	sasık tumoo
míope	алыстан көрө албоо	alıstan kørø alboo
presbita	жакындан көрө албоо	dʒakından kørø alboo
estrabismo (m)	кылый көздүүлүк	kılıj køzdyylyk
estrábico	кылый көздүүлүк	kılıj køzdyylyk
catarata (f)	челкөз	tʃelkøz
glaucoma (m)	глаукома	glaukoma
AVC (m), apoplexia (f)	мээге кан куюлуу	meege kan kujuluu
ataque (m) cardíaco	инфаркт	infarkt
enfarte (m) do miocárdio	инфаркт миокарда	infarkt miokarda
paralisia (f)	шал	ʃal
paralisar (vt)	шал болуу	ʃal boluu
alergia (f)	аллергия	allergija
asma (f)	астма	astma
diabetes (f)	диабет	diabet
dor (f) de dentes	тиш оорусу	tiʃ oorusu
cárie (f)	кариес	karies
diarreia (f)	ич өткү	itʃ øtky
prisão (f) de ventre	ич катуу	itʃ katuu
desarranjo (m) intestinal	ич бузулгандык	itʃ buzulgandık
intoxicação (f) alimentar	уулануу	uulanuu
intoxicar-se	уулануу	uulanuu
artrite (f)	артрит	artrit
raquitismo (m)	итий	itij
reumatismo (m)	кызыл жүгүрүк	kızıl dʒygyryk
arteriosclerose (f)	атеросклероз	ateroskleroz
gastrite (f)	карын сезгенүүсу	karın sezgenyysu
apendicite (f)	аппендицит	appenditsit
colecistite (f)	холецистит	χoletsistit
úlcera (f)	жара	dʒara
sarampo (m)	кызылча	kızıltʃa
rubéola (f)	кызамык	kızamık
iterícia (f)	сарык	sarık
hepatite (f)	гепатит	gepatit
esquizofrenia (f)	шизофрения	ʃizofrenija
raiva (f)	кутурма	kuturma
neurose (f)	невроз	nevroz
comoção (f) cerebral	мээнин чайкалышы	meenin tʃajkalıʃı
cancro (m)	рак	rak
esclerose (f)	склероз	skleroz

esclerose (f) múltipla	жайылган склероз	dʒajılgan skleroz
alcoolismo (m)	аракечтик	araketʃtik
alcoólico (m)	аракеч	araketʃ
sífilis (f)	котон жара	koton dʒara
SIDA (f)	СПИД	spid

tumor (m)	шишик	ʃiʃik
maligno	залалдуу	zalalduu
benigno	залалсыз	zalalsız

febre (f)	безгек	bezgek
malária (f)	безгек	bezgek
gangrena (f)	кабыз	kabız
enjoo (m)	деңиз оорусу	deŋiz oorusu
epilepsia (f)	талма	talma

epidemia (f)	эпидемия	epidemija
tifo (m)	келте	kelte
tuberculose (f)	кургак учук	kurgak utʃuk
cólera (f)	холера	χolera
peste (f)	кара тумоо	kara tumoo

64. Sintomas. Tratamentos. Parte 1

sintoma (m)	белги	belgi
temperatura (f)	дене табынын көтөрүлүшү	dene tabının køtørylyʃy
febre (f)	жогорку температура	dʒogorku temperatura
pulso (m)	тамыр кагышы	tamır kagıʃı

vertigem (f)	баш айлануу	baʃ ajlanuu
quente (testa, etc.)	ысык	ısık
calafrio (m)	чыйрыгуу	tʃıjrıguu
pálido	купкуу	kupkuu

tosse (f)	жөтөл	dʒøtøl
tossir (vi)	жөтөлүү	dʒøtølyy
espirrar (vi)	чүчкүрүү	tʃytʃkyryy
desmaio (m)	эси оо	esi oo
desmaiar (vi)	эси ооп жыгылуу	esi oop dʒıgıluu

nódoa (f) negra	көк-ала	køk-ala
galo (m)	шишик	ʃiʃik
magoar-se (vr)	урунуп алуу	urunup aluu
pisadura (f)	көгөртүп алуу	køgørtyp aluu
aleijar-se (vr)	көгөртүп алуу	køgørtyp aluu

coxear (vi)	аксоо	aksoo
deslocação (f)	муундун чыгып кетүүсү	muundun tʃıgıp ketyysy
deslocar (vt)	чыгарып алуу	tʃıgarıp aluu
fratura (f)	сынуу	sınuu
fraturar (vt)	сындырып алуу	sındırıp aluu
corte (m)	кесилген жер	kesilgen dʒer
cortar-se (vr)	кесип алуу	kesip aluu

hemorragia (f)	кан кетүү	kan ketyy
queimadura (f)	күйүк	kyjyk
queimar-se (vr)	күйгүзүп алуу	kyjgyzyp aluu

picar (vt)	саюу	sajuu
picar-se (vr)	сайып алуу	sajip aluu
lesionar (vt)	кокустатып алуу	kokustatıp aluu
lesão (m)	кокустатып алуу	kokustatıp aluu
ferida (f), ferimento (m)	жара	dʒara
trauma (m)	жаракат	dʒarakat

delirar (vi)	желүү	dʒølyy
gaguejar (vi)	кекечтенүү	keketʃtenyy
insolação (f)	күн өтүү	kyn øtyy

65. Sintomas. Tratamentos. Parte 2

dor (f)	оору	ooru
farpa (no dedo)	тикен	tiken

suor (m)	тер	ter
suar (vi)	тердөө	terdøø
vómito (m)	кусуу	kusuu
convulsões (f pl)	тарамыш карышуусу	taramıʃ karıʃuusu

grávida	кош бойлуу	koʃ bojluu
nascer (vi)	төрөлүү	tørølyy
parto (m)	төрөт	tørøt
dar à luz	төрөө	tørøø
aborto (m)	бойдон түшүрүү	bojdon tyʃyryy

respiração (f)	дем алуу	dem aluu
inspiração (f)	дем алуу	dem aluu
expiração (f)	дем чыгаруу	dem tʃıgaruu
expirar (vi)	дем чыгаруу	dem tʃıgaruu
inspirar (vi)	дем алуу	dem aluu

inválido (m)	майып	majıp
aleijado (m)	мунжу	mundʒu
toxicodependente (m)	баңги	baŋgi

surdo	дүлөй	dyløj
mudo	дудук	duduk
surdo-mudo	дудук	duduk

louco (adj.)	жин тийген	dʒin tijgen
louco (m)	жинди чалыш	dʒindi tʃalıʃ
louca (f)	жинди чалыш	dʒindi tʃalıʃ
ficar louco	мээси айныган	meesi ajnıgan

gene (m)	ген	gen
imunidade (f)	иммунитет	immunitet
hereditário	тукум куучулук	tukum kuutʃuluk
congénito	тубаса	tubasa

vírus (m)	вирус	virus
micróbio (m)	микроб	mikrob
bactéria (f)	бактерия	bakterija
infeção (f)	жугуштуу илдет	ʤuguʃtuu ildet

66. Sintomas. Tratamentos. Parte 3

| hospital (m) | оорукана | oorukana |
| paciente (m) | бейтап | bejtap |

diagnóstico (m)	дарт аныктоо	dart anıktoo
cura (f)	дарылоо	darıloo
tratamento (m) médico	дарылоо	darıloo
curar-se (vr)	дарылануу	darılanuu
tratar (vt)	дарылоо	darıloo
cuidar (pessoa)	кароо	karoo
cuidados (m pl)	кароо	karoo

operação (f)	операция	operatsija
enfaixar (vt)	жараны таңуу	ʤaranı taŋuu
enfaixamento (m)	таңуу	taŋuu

vacinação (f)	эмдөө	emdøø
vacinar (vt)	эмдөө	emdøø
injeção (f)	ийне салуу	ijne saluu
dar uma injeção	ийне сайдыруу	ijne sajdıruu

ataque (~ de asma, etc.)	оору кармап калуу	ooru karmap kaluu
amputação (f)	кесүү	kesyy
amputar (vt)	кесип таштоо	kesip taʃtoo
coma (f)	кома	koma
estar em coma	комада болуу	komada boluu
reanimação (f)	реанимация	reanimatsija

recuperar-se (vr)	сакаюу	sakajʉu
estado (~ de saúde)	абал	abal
consciência (f)	эсинде	esinde
memória (f)	эс тутум	es tutum

tirar (vt)	тишти жулуу	tiʃti ʤuluu
chumbo (m), obturação (f)	пломба	plomba
chumbar, obturar (vt)	пломба салуу	plomba saluu

| hipnose (f) | гипноз | gipnoz |
| hipnotizar (vt) | гипноз кылуу | gipnoz kıluu |

67. Medicina. Drogas. Acessórios

medicamento (m)	дары-дармек	darı-darmek
remédio (m)	дары	darı
receitar (vt)	жазып берүү	ʤazıp beryy
receita (f)	рецепт	retsept

comprimido (m)	таблетка	tabletka
pomada (f)	май	maj
ampola (f)	ампула	ampula
preparado (m)	аралашма	aralaʃma
xarope (m)	сироп	sirop
cápsula (f)	пилюля	pilɥlʲa
remédio (m) em pó	күкүм	kykym
ligadura (f)	бинт	bint
algodão (m)	пахта	paχta
iodo (m)	йод	jod
penso (m) rápido	лейкопластырь	lejkoplastırʲ
conta-gotas (m)	дары тамызгыч	darı tamızgıtʃ
termómetro (m)	градусник	gradusnik
seringa (f)	шприц	ʃprits
cadeira (f) de rodas	майып арабасы	majıp arabası
muletas (f pl)	колтук таяк	koltuk tajak
analgésico (m)	оору сездирбөөчү дары	ooru sezdirbøøtʃy darı
laxante (m)	ич алдыруучу дары	itʃ aldıruutʃu darı
álcool (m) etílico	спирт	spirt
ervas (f pl) medicinais	дары чөптөр	darı tʃøptør
de ervas (chá ~)	чөп чайы	tʃøp tʃajı

APARTAMENTO

68. Apartamento

apartamento (m)	батир	batir
quarto (m)	бөлмө	bølmø
quarto (m) de dormir	уктоочу бөлмө	uktootʃu bølmø
sala (f) de jantar	ашкана	aʃkana
sala (f) de estar	конок үйү	konok yjy
escritório (m)	иш бөлмөсү	iʃ bølmøsy
antessala (f)	кире бериш	kire beriʃ
quarto (m) de banho	ванная	vannaja
toilette (lavabo)	даараткана	daaratkana
teto (m)	шып	ʃıp
chão, soalho (m)	пол	pol
canto (m)	бурч	burtʃ

69. Mobiliário. Interior

mobiliário (m)	эмерек	emerek
mesa (f)	стол	stol
cadeira (f)	стул	stul
cama (f)	керебет	kerebet
divã (m)	диван	divan
cadeirão (m)	олпок отургуч	olpok oturgutʃ
estante (f)	китеп шкафы	kitep ʃkafı
prateleira (f)	текче	tektʃe
guarda-vestidos (m)	шкаф	ʃkaf
cabide (m) de parede	кийим илгич	kijim ilgitʃ
cabide (m) de pé	кийим илгич	kijim ilgitʃ
cómoda (f)	комод	komod
mesinha (f) de centro	журнал столу	dʒurnal stolu
espelho (m)	күзгү	kyzgy
tapete (m)	килем	kilem
tapete (m) pequeno	килемче	kilemtʃe
lareira (f)	очок	otʃok
vela (f)	шам	ʃam
castiçal (m)	шамдал	ʃamdal
cortinas (f pl)	парда	parda
papel (m) de parede	туш кагаз	tuʃ kagaz

estores (f pl)	жалюзи	dʒaldʒuzi
candeeiro (m) de mesa	стол чырагы	stol tʃıragı
candeeiro (m) de parede	чырак	tʃırak
candeeiro (m) de pé	торшер	torʃer
lustre (m)	асма шам	asma ʃam

pé (de mesa, etc.)	бут	but
braço (m)	чыканак такооч	tʃıkanak takootʃ
costas (f pl)	желенгүч	dʒøløngytʃ
gaveta (f)	суурма	suurma

70. Quarto de dormir

roupa (f) de cama	шейшеп	ʃeiʃep
almofada (f)	жаздык	dʒazdık
fronha (f)	жаздык кап	dʒazdık kap
cobertor (m)	жууркан	dʒuurkan
lençol (m)	шейшеп	ʃeiʃep
colcha (f)	жапкыч	dʒapkıtʃ

71. Cozinha

cozinha (f)	ашкана	aʃkana
gás (m)	газ	gaz
fogão (m) a gás	газ плитасы	gaz plitası
fogão (m) elétrico	электр плитасы	elektr plitası
forno (m)	духовка	duxovka
forno (m) de micro-ondas	микротолкун меши	mikrotolkun meʃi

frigorífico (m)	муздаткыч	muzdatkıtʃ
congelador (m)	тоңдургуч	toŋdurgutʃ
máquina (f) de lavar louça	идиш жуучу машина	idiʃ dʒuutʃu maʃina

moedor (m) de carne	эт туурагыч	et tuuragıtʃ
espremedor (m)	шире сыккыч	ʃire sıkkıtʃ
torradeira (f)	тостер	toster
batedeira (f)	миксер	mikser

máquina (f) de café	кофе кайнаткыч	kofe kajnatkıtʃ
cafeteira (f)	кофе кайнатуучу идиш	kofe kajnatuutʃu idiʃ
moinho (m) de café	кофе майдалагыч	kofe majdalagıtʃ

chaleira (f)	чайнек	tʃajnek
bule (m)	чайнек	tʃajnek
tampa (f)	капкак	kapkak
coador (m) de chá	чыпка	tʃıpka

colher (f)	кашык	kaʃık
colher (f) de chá	чай кашык	tʃaj kaʃık
colher (f) de sopa	аш кашык	aʃ kaʃık
garfo (m)	вилка	vilka
faca (f)	бычак	bıtʃak

louça (f)	идиш-аяк	idiʃ-ajak
prato (m)	табак	tabak
pires (m)	табак	tabak
cálice (m)	рюмка	rʉmka
copo (m)	ыстакан	ıstakan
chávena (f)	чөйчөк	ʧøjʧøk
açucareiro (m)	кум шекер салгыч	kum ʃeker salgıʧ
saleiro (m)	туз салгыч	tuz salgıʧ
pimenteiro (m)	мурч салгыч	murʧ salgıʧ
manteigueira (f)	май салгыч	maj salgıʧ
panela, caçarola (f)	мискей	miskej
frigideira (f)	табак	tabak
concha (f)	чөмүч	ʧømyʧ
passador (m)	депкир	depkir
bandeja (f)	батыныс	batınıs
garrafa (f)	бөтөлкө	bøtølkø
boião (m) de vidro	банка	banka
lata (f)	банка	banka
abre-garrafas (m)	ачкыч	aʧkıʧ
abre-latas (m)	ачкыч	aʧkıʧ
saca-rolhas (m)	штопор	ʃtopor
filtro (m)	чыпка	ʧıpka
filtrar (vt)	чыпкалоо	ʧıpkaloo
lixo (m)	таштанды	taʃtandı
balde (m) do lixo	таштанды чака	taʃtandı ʧaka

72. Casa de banho

quarto (m) de banho	ванная	vannaja
água (f)	суу	suu
torneira (f)	чорго	ʧorgo
água (f) quente	ысык суу	ısık suu
água (f) fria	муздак суу	muzdak suu
pasta (f) de dentes	тиш пастасы	tiʃ pastası
escovar os dentes	тиш жуу	tiʃ dʒuu
escova (f) de dentes	тиш щёткасы	tiʃ ʃʧʲotkası
barbear-se (vr)	кырынуу	kırınuu
espuma (f) de barbear	кырынуу үчүн көбүк	kırınuu yʧyn købyk
máquina (f) de barbear	устара	ustara
lavar (vt)	жуу	dʒuu
lavar-se (vr)	жуунуу	dʒuunuu
duche (m)	душ	duʃ
tomar um duche	душка түшүү	duʃka tyʃyy
banheira (f)	ванна	vanna
sanita (f)	унитаз	unitaz

lavatório (m)	раковина	rakovina
sabonete (m)	самын	samın
saboneteira (f)	самын салгыч	samın salgıtʃ

esponja (f)	губка	gubka
champô (m)	шампунь	ʃampunʲ
toalha (f)	сүлгү	sylgy
roupão (m) de banho	халат	χalat

lavagem (f)	кир жуу	kir dʒuu
máquina (f) de lavar	кир жуучу машина	kir dʒuutʃu maʃina
lavar a roupa	кир жуу	kir dʒuu
detergente (m)	кир жуучу порошок	kir dʒuutʃu poroʃok

73. Eletrodomésticos

televisor (m)	сыналгы	sınalgı
gravador (m)	магнитофон	magnitofon
videogravador (m)	видеомагнитофон	videomagnitofon
rádio (m)	үналгы	ynalgı
leitor (m)	плеер	pleer

projetor (m)	видеопроектор	videoproektor
cinema (m) em casa	үй кинотеатры	yj kinoteatrı
leitor (m) de DVD	DVD ойноткуч	dividi ojnotkutʃ
amplificador (m)	күчөткүч	kytʃøtkytʃ
console (f) de jogos	оюн приставкасы	ojʉn pristavkası

câmara (f) de vídeo	видеокамера	videokamera
máquina (f) fotográfica	фотоаппарат	fotoapparat
câmara (f) digital	санарип камерасы	sanarip kamerası

aspirador (m)	чаң соргуч	tʃaŋ sorgutʃ
ferro (m) de engomar	үтүк	ytyk
tábua (f) de engomar	үтүктөөчү тактай	ytyktøøtʃy taktaj

telefone (m)	телефон	telefon
telemóvel (m)	мобилдик	mobildik
máquina (f) de escrever	машинка	maʃinka
máquina (f) de costura	кийим тигүүчү машинка	kijim tigyytʃy maʃinka

microfone (m)	микрофон	mikrofon
auscultadores (m pl)	кулакчын	kulaktʃin
controlo remoto (m)	пульт	pulʲt

CD (m)	CD, компакт-диск	sidi, kompakt-disk
cassete (f)	кассета	kasseta
disco (m) de vinil	пластинка	plastinka

A TERRA. TEMPO

74. Espaço sideral

cosmos (m)	космос	kosmos
cósmico	космос	kosmos
espaço (m) cósmico	космос мейкиндиги	kosmos mejkindigi
mundo (m)	дүйнө	dyjnø
universo (m)	аалам	aalam
galáxia (f)	галактика	galaktika
estrela (f)	жылдыз	dʒıldız
constelação (f)	жылдыздар	dʒıldızdar
planeta (m)	планета	planeta
satélite (m)	жолдош	dʒoldoʃ
meteorito (m)	метеорит	meteorit
cometa (m)	комета	kometa
asteroide (m)	астероид	asteroid
órbita (f)	орбита	orbita
girar (vi)	айлануу	ajlanuu
atmosfera (f)	атмосфера	atmosfera
Sol (m)	күн	kyn
Sistema (m) Solar	күн системасы	kyn sisteması
eclipse (m) solar	күндүн тутулушу	kyndyn tutuluʃu
Terra (f)	Жер	dʒer
Lua (f)	Ай	aj
Marte (m)	Марс	mars
Vénus (f)	Венера	venera
Júpiter (m)	Юпитер	jupiter
Saturno (m)	Сатурн	saturn
Mercúrio (m)	Меркурий	merkurij
Urano (m)	Уран	uran
Neptuno (m)	Нептун	neptun
Plutão (m)	Плутон	pluton
Via Láctea (f)	Саманчынын жолу	samantʃının dʒolu
Ursa Maior (f)	Чоң Жетиген	tʃoŋ dʒetigen
Estrela Polar (f)	Полярдык Жылдыз	polʲardık dʒıldız
marciano (m)	марсианин	marsianin
extraterrestre (m)	инопланетянин	inoplanetʲanin
alienígena (m)	келгин	kelgin

disco (m) voador	учуучу табак	uʧuutʃu tabak
nave (f) espacial	космос кемеси	kosmos kemesi
estação (f) orbital	орбитадагы станция	orbitadagı stantsija
lançamento (m)	старт	start

motor (m)	кыймылдаткыч	kıjmıldatkıʧ
bocal (m)	сопло	soplo
combustível (m)	күйүүчү май	kyjyyʧy may

| cabine (f) | кабина | kabina |
| antena (f) | антенна | antenna |

vigia (f)	иллюминатор	illuminator
bateria (f) solar	күн батареясы	kyn batarejası
traje (m) espacial	скафандр	skafandr

| imponderabilidade (f) | салмаксыздык | salmaksızdık |
| oxigénio (m) | кислород | kislorod |

| acoplagem (f) | жалгаштыруу | dʒalgaʃtıruu |
| fazer uma acoplagem | жалгаштыруу | dʒalgaʃtıruu |

| observatório (m) | обсерватория | observatorija |
| telescópio (m) | телескоп | teleskop |

| observar (vt) | байкоо | bajkoo |
| explorar (vt) | изилдөө | izildøø |

75. A Terra

Terra (f)	Жер	dʒer
globo terrestre (Terra)	жер шары	dʒer ʃarı
planeta (m)	планета	planeta

atmosfera (f)	атмосфера	atmosfera
geografia (f)	география	geografija
natureza (f)	табийгат	tabijgat

globo (mapa esférico)	глобус	globus
mapa (m)	карта	karta
atlas (m)	атлас	atlas

| Europa (f) | Европа | evropa |
| Ásia (f) | Азия | azija |

| África (f) | Африка | afrika |
| Austrália (f) | Австралия | avstralija |

América (f)	Америка	amerika
América (f) do Norte	Северная Америка	severnaja amerika
América (f) do Sul	Южная Америка	juʤnaja amerika

| Antártida (f) | Антарктида | antarktida |
| Ártico (m) | Арктика | arktika |

76. Pontos cardeais

norte (m)	түндүк	tyndyk
para norte	түндүккө	tyndykkø
no norte	түндүктө	tyndyktø
do norte	түндүк	tyndyk
sul (m)	түштүк	tyʃtyk
para sul	түштүккө	tyʃtykkø
no sul	түштүктө	tyʃtyktø
do sul	түштүк	tyʃtyk
oeste, ocidente (m)	батыш	batɪʃ
para oeste	батышка	batɪʃka
no oeste	батышта	batɪʃta
ocidental	батыш	batɪʃ
leste, oriente (m)	чыгыш	tʃɪgɪʃ
para leste	чыгышка	tʃɪgɪʃka
no leste	чыгышта	tʃɪgɪʃta
oriental	чыгыш	tʃɪgɪʃ

77. Mar. Oceano

mar (m)	деңиз	deŋiz
oceano (m)	мухит	muχit
golfo (m)	булуң	buluŋ
estreito (m)	кысык	kɪsɪk
terra (f) firme	жер	dʒer
continente (m)	материк	materik
ilha (f)	арал	aral
península (f)	жарым арал	dʒarɪm aral
arquipélago (m)	архипелаг	arχipelag
baía (f)	булуң	buluŋ
porto (m)	гавань	gavanʲ
lagoa (f)	лагуна	laguna
cabo (m)	тумшук	tumʃuk
atol (m)	атолл	atoll
recife (m)	риф	rif
coral (m)	маржан	mardʒan
recife (m) de coral	маржан рифи	mardʒan rifi
profundo	терең	tereŋ
profundidade (f)	терeңдик	tereŋdik
abismo (m)	түбү жок	tyby dʒok
fossa (f) oceânica	ойдуң	ojduŋ
corrente (f)	агым	agɪm
banhar (vt)	курчап туруу	kurtʃap turuu

| litoral (m) | жээк | dʒeek |
| costa (f) | жээк | dʒeek |

maré (f) alta	суунун көтөрүлүшү	suunun køtørylyʃy
refluxo (m), maré (f) baixa	суунун тартылуусу	suunun tartıluusu
restinga (f)	тайыздык	tajızdık
fundo (m)	суунун түбү	suunun tyby

onda (f)	толкун	tolkun
crista (f) da onda	толкундун кыры	tolkundun kırı
espuma (f)	көбүк	købyk

tempestade (f)	бороон чапкын	boroon ʧapkın
furacão (m)	бороон	boroon
tsunami (m)	цунами	tsunami
calmaria (f)	штиль	ʃtilʲ
calmo	тынч	tınʧ

| polo (m) | уюл | ujʉl |
| polar | полярдык | polʲardık |

latitude (f)	кеңдик	keŋdik
longitude (f)	узундук	uzunduk
paralela (f)	параллель	parallelʲ
equador (m)	экватор	ekvator

céu (m)	асман	asman
horizonte (m)	горизонт	gorizont
ar (m)	аба	aba

farol (m)	маяк	majak
mergulhar (vi)	сүңгүү	syŋgyy
afundar-se (vr)	чөгүп кетүү	ʧøgyp ketyy
tesouros (m pl)	казына	kazına

78. Nomes de Mares e Oceanos

Oceano (m) Atlântico	Атлантика мухити	atlantika muχiti
Oceano (m) Índico	Индия мухити	indija muχiti
Oceano (m) Pacífico	Тынч мухити	tınʧ muχiti
Oceano (m) Ártico	Түндүк Муз мухити	tyndyk muz muχiti

Mar (m) Negro	Кара деңиз	kara deŋiz
Mar (m) Vermelho	Кызыл деңиз	kızıl deŋiz
Mar (m) Amarelo	Сары деңиз	sarı deŋiz
Mar (m) Branco	Ак деңиз	ak deŋiz

Mar (m) Cáspio	Каспий деңизи	kaspij deŋizi
Mar (m) Morto	Өлүк деңиз	ølyk deŋiz
Mar (m) Mediterrâneo	Жер Ортолук деңиз	dʒer ortoluk deŋiz

Mar (m) Egeu	Эгей деңизи	egej deŋizi
Mar (m) Adriático	Адриатика деңизи	adriatika deŋizi
Mar (m) Arábico	Аравия деңизи	aravija deŋizi

Mar (m) do Japão	Япон деңизи	japon deŋizi
Mar (m) de Bering	Беринг деңизи	bering deŋizi
Mar (m) da China Meridional	Түштүк-Кытай деңизи	tyʃtyk-kıtaj deŋizi

Mar (m) de Coral	Маржан деңизи	mardʒan deŋizi
Mar (m) de Tasman	Тасман деңизи	tasman deŋizi
Mar (m) do Caribe	Кариб деңизи	karib deŋizi

| Mar (m) de Barents | Баренц деңизи | barents deŋizi |
| Mar (m) de Kara | Карск деңизи | karsk deŋizi |

Mar (m) do Norte	Түндүк деңиз	tyndyk deŋiz
Mar (m) Báltico	Балтика деңизи	baltika deŋizi
Mar (m) da Noruega	Норвегиялык деңизи	norvegijalık deŋizi

79. Montanhas

montanha (f)	тоо	too
cordilheira (f)	тоо тизмеги	too tizmegi
serra (f)	тоо кыркалары	too kırkaları

cume (m)	чоку	tʃoku
pico (m)	чоку	tʃoku
sopé (m)	тоо этеги	too etegi
declive (m)	эңкейиш	eŋkejiʃ

vulcão (m)	вулкан	vulkan
vulcão (m) ativo	күйүп жаткан	kyjyp dʒatkan
vulcão (m) extinto	өчүп калган вулкан	øtʃyp kalgan vulkan

erupção (f)	атырылып чыгуу	atırılıp tʃıguu
cratera (f)	кратер	krater
magma (m)	магма	magma
lava (f)	лава	lava
fundido (lava ~a)	кызыган	kızıgan

desfiladeiro (m)	каньон	kanion
garganta (f)	капчыгай	kaptʃıgaj
fenda (f)	жарака	dʒaraka
precipício (m)	жар	dʒar

passo, colo (m)	ашуу	aʃuu
planalto (m)	деңсөө	døŋsøø
falésia (f)	зоока	zooka
colina (f)	дөбө	døbø

glaciar (m)	муз	muz
queda (f) d'água	шаркыратма	ʃarkıratma
géiser (m)	гейзер	gejzer
lago (m)	көл	køl

planície (f)	түздүк	tyzdyk
paisagem (f)	теребел	terebel
eco (m)	жаңырык	dʒaŋırık

alpinista (m)	альпинист	alʲpinist
escalador (m)	скалолаз	skalolaz
conquistar (vt)	багындыруу	bagındıruu
subida, escalada (f)	тоонун чокусуна чыгуу	toonun ʧokusuna ʧıguu

80. Nomes de montanhas

Alpes (m pl)	Альп тоолору	alʲp tooloru
monte Branco (m)	Монблан	monblan
Pirineus (m pl)	Пиреней тоолору	pirenej tooloru

Cárpatos (m pl)	Карпат тоолору	karpat tooloru
montes (m pl) Urais	Урал тоолору	ural tooloru
Cáucaso (m)	Кавказ тоолору	kavkaz tooloru
Elbrus (m)	Эльбрус	elʲbrus

Altai (m)	Алтай тоолору	altaj tooloru
Tian Shan (m)	Тянь-Шань	tjanʲ-ʃanʲ
Pamir (m)	Памир тоолору	pamir tooloru
Himalaias (m pl)	Гималай тоолору	gimalaj tooloru
monte (m) Everest	Эверест	everest

| Cordilheira (f) dos Andes | Анд тоолору | and tooloru |
| Kilimanjaro (m) | Килиманджаро | kilimandʒaro |

81. Rios

rio (m)	дарыя	darıja
fonte, nascente (f)	булак	bulak
leito (m) do rio	сай	saj
bacia (f)	бассейн	bassejn
desaguar no ...	... кукую	... kujʉu

| afluente (m) | куйма | kujma |
| margem (do rio) | жээк | dʒeek |

corrente (f)	агым	agım
rio abaixo	агым боюнча	agım bojʉnʧa
rio acima	агымга каршы	agımga karʃı

inundação (f)	ташкын	taʃkın
cheia (f)	суу ташкыны	suu taʃkını
transbordar (vi)	дайранын ташышы	dajranın taʃıʃı
inundar (vt)	суу каптоо	suu kaptoo

| banco (m) de areia | тайыздык | tajızdık |
| rápidos (m pl) | босого | bosogo |

barragem (f)	тогоон	togoon
canal (m)	канал	kanal
reservatório (m) de água	суу сактагыч	suu saktagıʧ
eclusa (f)	шлюз	ʃlʉz

corpo (m) de água	көлмө	kølmø
pântano (m)	саз	saz
tremedal (m)	баткак	batkak
remoinho (m)	айлампа	ajlampa
arroio, regato (m)	суу	suu
potável	ичилчү суу	itʃiltʃy suu
doce (água)	тузсуз	tuzsuz
gelo (m)	муз	muz
congelar-se (vr)	тоңуп калуу	toŋup kaluu

82. Nomes de rios

rio Sena (m)	Сена	sena
rio Loire (m)	Луара	luara
rio Tamisa (m)	Темза	temza
rio Reno (m)	Рейн	rejn
rio Danúbio (m)	Дунай	dunaj
rio Volga (m)	Волга	volga
rio Don (m)	Дон	don
rio Lena (m)	Лена	lena
rio Amarelo (m)	Хуанхэ	χuanχe
rio Yangtzé (m)	Янцзы	jantszı
rio Mekong (m)	Меконг	mekong
rio Ganges (m)	Ганг	gang
rio Nilo (m)	Нил	nil
rio Congo (m)	Конго	kongo
rio Cubango (m)	Окаванго	okavango
rio Zambeze (m)	Замбези	zambezi
rio Limpopo (m)	Лимпопо	limpopo
rio Mississípi (m)	Миссисипи	missisipi

83. Floresta

floresta (f), bosque (m)	токой	tokoj
florestal	токойлуу	tokojluu
mata (f) cerrada	чытырман токой	tʃıtırman tokoj
arvoredo (m)	токойчо	tokojtʃo
clareira (f)	аянт	ajant
matagal (m)	бадал	badal
mato (m)	бадал	badal
vereda (f)	чыйыр жол	tʃıjır dʒol
ravina (f)	жар	dʒar
árvore (f)	дарак	darak

folha (f)	жалбырак	dʒalbırak
folhagem (f)	жалбырак	dʒalbırak
queda (f) das folhas	жалбырак түшүү мезгили	dʒalbırak tyʃyy mezgili
cair (vi)	түшүү	tyʃyy
topo (m)	чоку	tʃoku
ramo (m)	бутак	butak
galho (m)	бутак	butak
botão, rebento (m)	бүчүр	bytʃyr
agulha (f)	ийне	ijne
pinha (f)	тобурчак	toburtʃak
buraco (m) de árvore	көңдөй	køŋdøj
ninho (m)	уя	uja
toca (f)	ийин	ijin
tronco (m)	сеңгек	søŋgøk
raiz (f)	тамыр	tamır
casca (f) de árvore	кыртыш	kırtıʃ
musgo (m)	мох	moχ
arrancar pela raiz	дүмүрүн казуу	dymyryn kazuu
cortar (vt)	кыюу	kıjʉu
desflorestar (vt)	токойду кыюу	tokojdu kıjʉu
toco, cepo (m)	дүмүр	dymyr
fogueira (f)	от	ot
incêndio (m) florestal	өрт	ørt
apagar (vt)	өчүрүү	øtʃyryy
guarda-florestal (m)	токойчу	tokojtʃu
proteção (f)	өсүмдүктөрдү коргоо	øsymdyktørdy korgoo
proteger (a natureza)	сактоо	saktoo
caçador (m) furtivo	браконьер	brakonjer
armadilha (f)	капкан	kapkan
colher (cogumelos)	терүү	teryy
colher (bagas)	терүү	teryy
perder-se (vr)	адашып кетүү	adaʃıp ketyy

84. Recursos naturais

recursos (m pl) naturais	жаратылыш байлыктары	dʒaratılıʃ bajlıktarı
minerais (m pl)	пайдалуу кендер	pajdaluu kender
depósitos (m pl)	кен	ken
jazida (f)	кендүү жер	kendyy dʒer
extrair (vt)	казуу	kazuu
extração (f)	казуу	kazuu
minério (m)	кен	ken
mina (f)	шахта	ʃaχta
poço (m) de mina	шахта	ʃaχta
mineiro (m)	кенчи	kentʃi

| gás (m) | газ | gaz |
| gasoduto (m) | газопровод | gazoprovod |

petróleo (m)	мунайзат	munajzat
oleoduto (m)	мунайзар түтүгү	munajzar tytygy
poço (m) de petróleo	мунайзат скважинасы	munajzat skvadʒinası
torre (f) petrolífera	мунайзат мунарасы	munajzat munarası
petroleiro (m)	танкер	tanker

areia (f)	кум	kum
calcário (m)	акиташ	akitaʃ
cascalho (m)	шагыл	ʃagıl
turfa (f)	торф	torf
argila (f)	ылай	ılaj
carvão (m)	көмүр	kømyr

ferro (m)	темир	temir
ouro (m)	алтын	altın
prata (f)	күмүш	kymyʃ
níquel (m)	никель	nikelʲ
cobre (m)	жез	dʒez

zinco (m)	цинк	tsınk
manganês (m)	марганец	marganets
mercúrio (m)	сымап	sımap
chumbo (m)	коргошун	korgoʃun

mineral (m)	минерал	mineral
cristal (m)	кристалл	kristall
mármore (m)	мрамор	mramor
urânio (m)	уран	uran

85. Tempo

tempo (m)	аба-ырайы	aba-ırajı
previsão (f) do tempo	аба-ырайы боюнча маалымат	aba-ırajı bojuntʃa maalımat
temperatura (f)	температура	temperatura
termómetro (m)	термометр	termometr
barómetro (m)	барометр	barometr

| húmido | нымдуу | nımduu |
| humidade (f) | ным | nım |

calor (m)	ысык	ısık
cálido	кыйын ысык	kıjın ısık
está muito calor	ысык	ısık

| está calor | жылуу | dʒıluu |
| quente | жылуу | dʒıluu |

está frio	суук	suuk
frio	суук	suuk
sol (m)	күн	kyn

brilhar (vi)	күн тийүү	kyn tijyy
de sol, ensolarado	күн ачык	kyn atʃık
nascer (vi)	чыгуу	tʃıguu
pôr-se (vr)	батуу	batuu
nuvem (f)	булут	bulut
nublado	булуттуу	buluttuu
nuvem (f) preta	булут	bulut
escuro, cinzento	күн бүркөк	kyn byrkøk
chuva (f)	жамгыр	dʒamgır
está a chover	жамгыр жаап жатат	dʒamgır dʒaap dʒatat
chuvoso	жаандуу	dʒaanduu
chuviscar (vi)	дыбыратуу	dıbıratuu
chuva (f) torrencial	нөшөрлөгөн жаан	nøʃørløgøn dʒaan
chuvada (f)	нөшөр	nøʃør
forte (chuva)	катуу	katuu
poça (f)	көлчүк	køltʃyk
molhar-se (vr)	суу болуу	suu boluu
nevoeiro (m)	туман	tuman
de nevoeiro	тумандуу	tumanduu
neve (f)	кар	kar
está a nevar	кар жаап жатат	kar dʒaap dʒatat

86. Tempo extremo. Catástrofes naturais

trovoada (f)	чагылгандуу жаан	tʃagılganduu dʒaan
relâmpago (m)	чагылган	tʃagılgan
relampejar (vi)	жарк этүү	dʒark etyy
trovão (m)	күн күркүрөө	kyn kyrkyrøø
trovejar (vi)	күн күркүрөө	kyn kyrkyrøø
está a trovejar	күн күркүрөп жатат	kyn kyrkyrøp dʒatat
granizo (m)	мөндүр	møndyr
está a cair granizo	мөндүр түшүп жатат	møndyr tyʃyp dʒatat
inundar (vt)	суу каптоо	suu kaptoo
inundação (f)	ташкын	taʃkın
terremoto (m)	жер титирөө	dʒer titirøø
abalo, tremor (m)	жердин силкиниши	dʒerdin silkiniʃi
epicentro (m)	эпицентр	epitsentr
erupção (f)	атырылып чыгуу	atırılıp tʃıguu
lava (f)	лава	lava
turbilhão (m)	куюн	kujun
tornado (m)	торнадо	tornado
tufão (m)	тайфун	tajfun
furacão (m)	бороон	boroon
tempestade (f)	бороон чапкын	boroon tʃapkın

tsunami (m)	цунами	tsunami
ciclone (m)	циклон	tsıklon
mau tempo (m)	жаан-чачындуу күн	dʒaan-tʃatʃınduu kyn
incêndio (m)	өрт	ørt
catástrofe (f)	кыйроо	kıjroo
meteorito (m)	метеорит	meteorit
avalanche (f)	көчкү	køtʃky
deslizamento (m) de neve	кар көчкүсү	kar køtʃkysy
nevasca (f)	кар бороону	kar boroonu
tempestade (f) de neve	бурганак	burganak

FAUNA

87. Mamíferos. Predadores

predador (m)	жырткыч	dʒɪrtkɪʧ
tigre (m)	жолборс	dʒolbors
leão (m)	арстан	arstan
lobo (m)	карышкыр	karıʃkır
raposa (f)	түлкү	tylky

jaguar (m)	ягуар	jaguar
leopardo (m)	леопард	leopard
chita (f)	гепард	gepard

pantera (f)	пантера	pantera
puma (m)	пума	puma
leopardo-das-neves (m)	илбирс	ilbirs
lince (m)	сүлөөсүн	syløøsyn

coiote (m)	койот	kojot
chacal (m)	чөө	ʧøø
hiena (f)	гиена	giena

88. Animais selvagens

animal (m)	жаныбар	dʒanıbar
besta (f)	жапайы жаныбар	dʒapajı dʒanıbar

esquilo (m)	тыйын чычкан	tijın ʧıʧkan
ouriço (m)	кирпичечен	kirpiʧeʧen
lebre (f)	коен	koen
coelho (m)	коен	koen

texugo (m)	кашкулак	kaʃkulak
guaxinim (m)	енот	enot
hamster (m)	хомяк	χomʲak
marmota (f)	суур	suur

toupeira (f)	момолой	momoloj
rato (m)	чычкан	ʧıʧkan
ratazana (f)	келемиш	kelemiʃ
morcego (m)	жарганат	dʒarganat

arminho (m)	арс чычкан	ars ʧıʧkan
zibelina (f)	киш	kiʃ
marta (f)	суусар	suusar
doninha (f)	ласка	laska
vison (m)	норка	norka

castor (m)	кемчет	kemtʃet
lontra (f)	кундуз	kunduz
cavalo (m)	жылкы	dʒılkı
alce (m)	багыш	bagıʃ
veado (m)	бугу	bugu
camelo (m)	төө	tøø
bisão (m)	бизон	bizon
auroque (m)	зубр	zubr
búfalo (m)	буйвол	bujvol
zebra (f)	зебра	zebra
antílope (m)	антилопа	antilopa
corça (f)	элик	elik
gamo (m)	лань	lanʲ
camurça (f)	жейрен	dʒejren
javali (m)	каман	kaman
baleia (f)	кит	kit
foca (f)	тюлень	tʉlenʲ
morsa (f)	морж	mordʒ
urso-marinho (m)	деңиз мышыгы	deŋiz mıʃıgı
golfinho (m)	дельфин	delʲfin
urso (m)	аюу	ajʉu
urso (m) branco	ак аюу	ak ajʉu
panda (m)	панда	panda
macaco (em geral)	маймыл	majmıl
chimpanzé (m)	шимпанзе	ʃimpanze
orangotango (m)	орангутанг	orangutang
gorila (m)	горилла	gorilla
macaco (m)	макака	makaka
gibão (m)	гиббон	gibbon
elefante (m)	пил	pil
rinoceronte (m)	керик	kerik
girafa (f)	жираф	dʒiraf
hipopótamo (m)	бегемот	begemot
canguru (m)	кенгуру	kenguru
coala (m)	коала	koala
mangusto (m)	мангуст	mangust
chinchila (m)	шиншилла	ʃinʃilla
doninha-fedorenta (f)	скунс	skuns
porco-espinho (m)	чүткөр	tʃytkør

89. Animais domésticos

gata (f)	ургаачы мышык	urgaatʃı mıʃık
gato (m) macho	эркек мышык	erkek mıʃık
cão (m)	ит	it

cavalo (m)	жылкы	dʒılkı
garanhão (m)	айгыр	ajgır
égua (f)	бээ	bee

vaca (f)	уй	uj
touro (m)	бука	buka
boi (m)	өгүз	øgyz

ovelha (f)	кой	koj
carneiro (m)	кочкор	kotʃkor
cabra (f)	эчки	etʃki
bode (m)	теке	teke

burro (m)	эшек	eʃek
mula (f)	качыр	katʃır

porco (m)	чочко	tʃotʃko
leitão (m)	торопой	toropoj
coelho (m)	коен	koen

galinha (f)	тоок	took
galo (m)	короз	koroz

pata (f)	өрдек	ørdøk
pato (macho)	эркек өрдек	erkek ørdøk
ganso (m)	каз	kaz

peru (m)	күрп	kyrp
perua (f)	ургаачы күрп	urgaatʃı kyrp

animais (m pl) domésticos	үй жаныбарлары	yj dʒanıbarları
domesticado	колго үйрөтүлгөн	kolgo yjrøtylgøn
domesticar (vt)	колго үйрөтүү	kolgo yjrøtyy
criar (vt)	өстүрүү	østyryy

quinta (f)	ферма	ferma
aves (f pl) domésticas	үй канаттулары	yj kanattuları
gado (m)	мал	mal
rebanho (m), manada (f)	бада	bada

estábulo (m)	аткана	atkana
pocilga (f)	чочкокана	tʃotʃkokana
estábulo (m)	уйкана	ujkana
coelheira (f)	коенкана	koenkana
galinheiro (m)	тоокана	tookana

90. Pássaros

pássaro (m), ave (f)	куш	kuʃ
pombo (m)	көгүчкөн	køgytʃkøn
pardal (m)	таранчы	tarantʃı
chapim-real (m)	синица	sinitsa
pega-rabuda (f)	сагызган	sagızgan
corvo (m)	кузгун	kuzgun

gralha (f) cinzenta	карга	karga
gralha-de-nuca-cinzenta (f)	таан	taan
gralha-calva (f)	чаркарга	ʧarkarga

pato (m)	өрдөк	ørdøk
ganso (m)	каз	kaz
faisão (m)	кыргоол	kırgool

águia (f)	бүркүт	byrkyt
açor (m)	ителги	itelgi
falcão (m)	шумкар	ʃumkar
abutre (m)	жору	dʒoru
condor (m)	кондор	kondor

cisne (m)	аккуу	akkuu
grou (m)	турна	turna
cegonha (f)	илегилек	ilegilek

papagaio (m)	тотукуш	totukuʃ
beija-flor (m)	колибри	kolibri
pavão (m)	тоос	toos

avestruz (m)	төө куш	tøø kuʃ
garça (f)	көк кытан	køk kıtan
flamingo (m)	фламинго	flamingo
pelicano (m)	биргазан	birgazan

rouxinol (m)	булбул	bulbul
andorinha (f)	чабалекей	ʧabalekej

tordo-zornal (m)	таркылдак	tarkıldak
tordo-músico (m)	сайрагыч таркылдак	sajragıʧ tarkıldak
melro-preto (m)	кара таңдай таркылдак	kara taŋdaj tarkıldak

andorinhão (m)	кардыгач	kardıgaʧ
cotovia (f)	торгой	torgoj
codorna (f)	бөдөнө	bødønø

pica-pau (m)	тоңкулдак	toŋkuldak
cuco (m)	күкүк	kykyk
coruja (f)	мыкый үкү	mıkıj yky
corujão, bufo (m)	үкү	yky
tetraz-grande (m)	керең кур	kereŋ kur
tetraz-lira (m)	кара кур	kara kur
perdiz-cinzenta (f)	кекилик	kekilik

estorninho (m)	чыйырчык	ʧıjırʧık
canário (m)	канарейка	kanarejka
galinha-do-mato (f)	токой чили	tokoj ʧili

tentilhão (m)	зяблик	zʲablik
dom-fafe (m)	снегирь	snegirʲ

gaivota (f)	ак чардак	ak ʧardak
albatroz (m)	альбатрос	alʲbatros
pinguim (m)	пингвин	pingvin

91. Peixes. Animais marinhos

brema (f)	лещ	leʃʧ
carpa (f)	карп	karp
perca (f)	окунь	okunʲ
siluro (m)	жаян	ʤajan
lúcio (m)	чортон	ʧorton
salmão (m)	лосось	lososʲ
esturjão (m)	осётр	osʲotr
arenque (m)	сельдь	selʲdʲ
salmão (m)	сёмга	sʲomga
cavala, sarda (f)	скумбрия	skumbrija
solha (f)	камбала	kambala
lúcio perca (m)	судак	sudak
bacalhau (m)	треска	treska
atum (m)	тунец	tunets
truta (f)	форель	forelʲ
enguia (f)	угорь	ugorʲ
raia elétrica (f)	скат	skat
moreia (f)	мурена	murena
piranha (f)	пиранья	piranja
tubarão (m)	акула	akula
golfinho (m)	дельфин	delʲfin
baleia (f)	кит	kit
caranguejo (m)	краб	krab
medusa, alforreca (f)	медуза	meduza
polvo (m)	сегиз бут	segiz but
estrela-do-mar (f)	деңиз жылдызы	deŋiz ʤıldızı
ouriço-do-mar (m)	деңиз кирписи	deŋiz kirpisi
cavalo-marinho (m)	деңиз тайы	deŋiz tajı
ostra (f)	устрица	ustritsa
camarão (m)	креветка	krevetka
lavagante (m)	омар	omar
lagosta (f)	лангуст	langust

92. Amfíbios. Répteis

serpente, cobra (f)	жылан	ʤılan
venenoso	уулуу	uuluu
víbora (f)	кара чаар жылан	kara ʧaar ʤılan
cobra-capelo, naja (f)	кобра	kobra
pitão (m)	питон	piton
jiboia (f)	удав	udav
cobra-de-água (f)	сары жылан	sarı ʤılan

cascavel (f)	шакылдак жылан	ʃakıldak dʒılan
anaconda (f)	анаконда	anakonda

lagarto (m)	кескелдирик	keskeldirik
iguana (f)	игуана	iguana
varano (m)	эчкемер	etʃkemer
salamandra (f)	саламандра	salamandra
camaleão (m)	хамелеон	χameleon
escorpião (m)	чаян	tʃajan

tartaruga (f)	ташбака	taʃbaka
rã (f)	бака	baka
sapo (m)	курбака	kurbaka
crocodilo (m)	крокодил	krokodil

93. Insetos

inseto (m)	курт-кумурска	kurt-kumurska
borboleta (f)	көпөлөк	køpøløk
formiga (f)	кумурска	kumurska
mosca (f)	чымын	tʃımın
mosquito (m)	чиркей	tʃirkej
escaravelho (m)	коңуз	koŋuz

vespa (f)	аары	aarı
abelha (f)	бал аары	bal aarı
mamangava (f)	жапан аары	dʒapan aarı
moscardo (m)	көгөөн	køgøøn

aranha (f)	жөргөмүш	dʒørgømyʃ
teia (f) de aranha	желе	dʒele

libélula (f)	ийнелик	ijnelik
gafanhoto-do-campo (m)	чегиртке	tʃegirtke
traça (f)	көпөлөк	køpøløk

barata (f)	таракан	tarakan
carraça (f)	кене	kene
pulga (f)	бүргө	byrgø
borrachudo (m)	майда чымын	majda tʃımın

gafanhoto (m)	чегиртке	tʃegirtke
caracol (m)	үлүл	ylyl
grilo (m)	кара чегиртке	kara tʃegirtke
pirilampo (m)	жалтырак коңуз	dʒaltırak koŋuz
joaninha (f)	айланкөчөк	ajlankøtʃøk
besouro (m)	саратан коңуз	saratan koŋuz

sanguessuga (f)	сүлүк	sylyk
lagarta (f)	каз таман	kaz taman
minhoca (f)	жер курту	dʒer kurtu
larva (f)	курт	kurt

FLORA

94. Árvores

árvore (f)	дарак	darak
decídua	жалбырактуу	dʒalbıraktuu
conífera	ийне жалбырактуулар	ijne dʒalbıraktuular
perene	дайым жашыл	dajım dʒaʃıl
macieira (f)	алма бак	alma bak
pereira (f)	алмурут бак	almurut bak
cerejeira (f)	гилас	gilas
ginjeira (f)	алча	altʃa
ameixeira (f)	кара өрүк	kara øryk
bétula (f)	ак кайың	ak kajıŋ
carvalho (m)	эмен	emen
tília (f)	жеке дарак	dʒøkø darak
choupo-tremedor (m)	бай терек	baj terek
bordo (m)	клён	klʲon
espruce-europeu (m)	кара карагай	kara karagaj
pinheiro (m)	карагай	karagaj
alerce, lariço (m)	лиственница	listvennitsa
abeto (m)	пихта	piχta
cedro (m)	кедр	kedr
choupo, álamo (m)	терек	terek
tramazeira (f)	четин	tʃetin
salgueiro (m)	мажүрүм тал	madʒyrym tal
amieiro (m)	ольха	olʲχa
faia (f)	бук	buk
ulmeiro (m)	кара жыгач	kara dʒıgatʃ
freixo (m)	ясень	jasenʲ
castanheiro (m)	каштан	kaʃtan
magnólia (f)	магнолия	magnolija
palmeira (f)	пальма	palʲma
cipreste (m)	кипарис	kiparis
mangue (m)	мангро дарагы	mangro daragı
embondeiro, baobá (m)	баобаб	baobab
eucalipto (m)	эвкалипт	evkalipt
sequoia (f)	секвойя	sekvoja

95. Arbustos

arbusto (m)	бадал	badal
arbusto (m), moita (f)	бадал	badal

| videira (f) | жүзүм | dʒyzym |
| vinhedo (m) | жүзүмдүк | dʒyzymdyk |

framboeseira (f)	дан куурай	dan kuuraj
groselheira-preta (f)	кара карагат	kara karagat
groselheira-vermelha (f)	кызыл карагат	kızıl karagat
groselheira (f) espinhosa	крыжовник	krıdʒovnik

acácia (f)	акация	akatsija
bérberis (f)	бөрү карагат	børy karagat
jasmim (m)	жасмин	dʒasmin

junípero (m)	кара арча	kara artʃa
roseira (f)	роза бадалы	roza badalı
roseira (f) brava	ит мурун	it murun

96. Frutos. Bagas

| fruta (f) | мөмө-жемиш | mømø-dʒemiʃ |
| frutas (f pl) | мөмө-жемиш | mømø-dʒemiʃ |

maçã (f)	алма	alma
pera (f)	алмурут	almurut
ameixa (f)	кара өрүк	kara øryk

morango (m)	кулпунай	kulpunaj
ginja (f)	алча	altʃa
cereja (f)	гилас	gilas
uva (f)	жүзүм	dʒyzym

framboesa (f)	дан куурай	dan kuuraj
groselha (f) preta	кара карагат	kara karagat
groselha (f) vermelha	кызыл карагат	kızıl karagat
groselha (f) espinhosa	крыжовник	krıdʒovnik
oxicoco (m)	клюква	klɨkva

laranja (f)	апельсин	apelʲsin
tangerina (f)	мандарин	mandarin
ananás (m)	ананас	ananas
banana (f)	банан	banan
tâmara (f)	курма	kurma

limão (m)	лимон	limon
damasco (m)	өрүк	øryk
pêssego (m)	шабдаалы	ʃabdaalı

| kiwi (m) | киви | kivi |
| toranja (f) | грейпфрут | grejpfrut |

baga (f)	жер жемиш	dʒer dʒemiʃ
bagas (f pl)	жер жемиштер	dʒer dʒemiʃter
arando (m) vermelho	брусника	brusnika
morango-silvestre (m)	кызылгат	kızılgat
mirtilo (m)	кара моюл	kara mojɨl

97. Flores. Plantas

| flor (f) | гүл | gyl |
| ramo (m) de flores | десте | deste |

rosa (f)	роза	roza
tulipa (f)	жоогазын	dʒoogazın
cravo (m)	гвоздика	gvozdika
gladíolo (m)	гладиолус	gladiolus

centáurea (f)	ботокөз	botokøz
campânula (f)	коңгуроо гүл	koŋguroo gyl
dente-de-leão (m)	каакым-кукум	kaakım-kukum
camomila (f)	ромашка	romaʃka

aloé (m)	алоэ	aloe
cato (m)	кактус	kaktus
fícus (m)	фикус	fikus

lírio (m)	лилия	lilija
gerânio (m)	герань	geranⁱ
jacinto (m)	гиацинт	giatsint

mimosa (f)	мимоза	mimoza
narciso (m)	нарцисс	nartsiss
capuchinha (f)	настурция	nasturtsija

orquídea (f)	орхидея	orχideja
peónia (f)	пион	pion
violeta (f)	бинапша	binapʃa

amor-perfeito (m)	алагүл	alagyl
não-me-esqueças (m)	незабудка	nezabudka
margarida (f)	маргаритка	margaritka

papoula (f)	кызгалдак	kızgaldak
cânhamo (m)	наша	naʃa
hortelã (f)	жалбыз	dʒalbız

| lírio-do-vale (m) | ландыш | landıʃ |
| campânula-branca (f) | байчечекей | bajtʃetʃekej |

urtiga (f)	чалкан	tʃalkan
azeda (f)	ат кулак	at kulak
nenúfar (m)	чөмүч баш	tʃømytʃ baʃ
feto (m), samambaia (f)	папоротник	paporotnik
líquen (m)	лишайник	liʃajnik

estufa (f)	күнөскана	kynøskana
relvado (m)	газон	gazon
canteiro (m) de flores	клумба	klumba

planta (f)	өсүмдүк	øsymdyk
erva (f)	чөп	tʃøp
folha (f) de erva	бир тал чөп	bir tal tʃøp

folha (f)	жалбырак	dʒalbɪrak
pétala (f)	гүлдүн желекчеси	gyldyn dʒelektʃesi
talo (m)	сабак	sabak
tubérculo (m)	жемиш тамыр	dʒemiʃ tamɪr

| broto, rebento (m) | өсмө | øsmø |
| espinho (m) | тикен | tiken |

florescer (vi)	гүлдөө	gyldøø
murchar (vi)	соолуу	sooluu
cheiro (m)	жыт	dʒɪt
cortar (flores)	кесүү	kesyy
colher (uma flor)	үзүү	yzyy

98. Cereais, grãos

grão (m)	дан	dan
cereais (plantas)	дан эгиндери	dan eginderi
espiga (f)	машак	maʃak

trigo (m)	буудай	buudaj
centeio (m)	кара буудай	kara buudaj
aveia (f)	сулу	sulu
milho-miúdo (m)	таруу	taruu
cevada (f)	арпа	arpa

milho (m)	жүгөрү	dʒygøry
arroz (m)	күрүч	kyrytʃ
trigo-sarraceno (m)	гречиха	gretʃiχa

ervilha (f)	нокот	nokot
feijão (m)	төө буурчак	tøø buurtʃak
soja (f)	соя	soja
lentilha (f)	жасмык	dʒasmɪk
fava (f)	буурчак	buurtʃak

PAÍSES DO MUNDO

99. Países. Parte 1

Afeganistão (m)	Ооганстан	ooganstan
África do Sul (f)	ТАР	tar
Albânia (f)	Албания	albanija
Alemanha (f)	Германия	germanija
Arábia (f) Saudita	Сауд Аравиясы	saud aravijası
Argentina (f)	Аргентина	argentina
Arménia (f)	Армения	armenija
Austrália (f)	Австралия	avstralija
Áustria (f)	Австрия	avstrija
Azerbaijão (m)	Азербайжан	azerbajdʒan
Bahamas (f pl)	Багам аралдары	bagam araldarı
Bangladesh (m)	Бангладеш	bangladeʃ
Bélgica (f)	Бельгия	belʲgija
Bielorrússia (f)	Беларусь	belarusʲ
Bolívia (f)	Боливия	bolivija
Bósnia e Herzegovina (f)	Босния жана	bosnija dʒana
Brasil (m)	Бразилия	brazilija
Bulgária (f)	Болгария	bolgarija
Camboja (f)	Камбожа	kambodʒa
Canadá (m)	Канада	kanada
Cazaquistão (m)	Казакстан	kazakstan
Chile (m)	Чили	tʃili
China (f)	Кытай	kıtaj
Chipre (m)	Кипр	kipr
Colômbia (f)	Колумбия	kolumbija
Coreia do Norte (f)	Тундук Корея	tundyk koreja
Coreia do Sul (f)	Түштүк Корея	tyʃtyk koreja
Croácia (f)	Хорватия	xorvatija
Cuba (f)	Куба	kuba
Dinamarca (f)	Дания	danija
Egito (m)	Египет	egipet
Emirados Árabes Unidos	Бириккен Араб Эмираттары	birikken arab emirattarı
Equador (m)	Эквадор	ekvador
Escócia (f)	Шотландия	ʃotlandija
Eslováquia (f)	Словакия	slovakija
Eslovénia (f)	Словения	slovenija
Espanha (f)	Испания	ispanija
Estados Unidos da América	Америка Кошмо Штаттары	amerika koʃmo ʃtattarı
Estónia (f)	Эстония	estonija

| Finlândia (f) | Финляндия | finlʲandija |
| França (f) | Франция | frantsija |

100. Países. Parte 2

Gana (f)	Гана	gana
Geórgia (f)	Грузия	gruzija
Grã-Bretanha (f)	Улуу Британия	uluu britanija
Grécia (f)	Греция	gretsija
Haiti (m)	Гаити	gaiti
Hungria (f)	Венгрия	vengrija
Índia (f)	Индия	indija

Indonésia (f)	Индонезия	indonezija
Inglaterra (f)	Англия	anglija
Irão (m)	Иран	iran
Iraque (m)	Ирак	irak
Irlanda (f)	Ирландия	irlandija
Islândia (f)	Исландия	islandija
Israel (m)	Израиль	izrailʲ

Itália (f)	Италия	italija
Jamaica (f)	Ямайка	jamajka
Japão (m)	Япония	japonija
Jordânia (f)	Иордания	iordanija
Kuwait (m)	Кувейт	kuvejt

| Laos (m) | Лаос | laos |
| Letónia (f) | Латвия | latvija |

Líbano (m)	Ливан	livan
Líbia (f)	Ливия	livija
Liechtenstein (m)	Лихтенштейн	liχtenʃtejn
Lituânia (f)	Литва	litva
Luxemburgo (m)	Люксембург	luksemburg

| Macedónia (f) | Македония | makedonija |
| Madagáscar (m) | Мадагаскар | madagaskar |

Malásia (f)	Малазия	malazija
Malta (f)	Мальта	malʲta
Marrocos	Марокко	marokko
México (m)	Мексика	meksika
Myanmar (m), Birmânia (f)	Мьянма	mjanma

| Moldávia (f) | Молдова | moldova |
| Mónaco (m) | Монако | monako |

Mongólia (f)	Монголия	mongolija
Montenegro (m)	Черногория	tʃernogorija
Namíbia (f)	Намибия	namibija
Nepal (m)	Непал	nepal
Noruega (f)	Норвегия	norvegija
Nova Zelândia (f)	Жаңы Зеландия	dʒaŋɪ zelandija

101. Países. Parte 3

Países (m pl) Baixos	Нидерланддар	niderlanddar
Palestina (f)	Палестина	palestina
Panamá (m)	Панама	panama
Paquistão (m)	Пакистан	pakistan
Paraguai (m)	Парагвай	paragvaj
Peru (m)	Перу	peru
Polinésia Francesa (f)	Француз Полинезиясы	frantsuz polinezijası

Polónia (f)	Польша	polʲʃa
Portugal (m)	Португалия	portugalija
Quénia (f)	Кения	kenija
Quirguistão (m)	Кыргызстан	kırgızstan
República (f) Checa	Чехия	tʃeχija
República (f) Dominicana	Доминикан Республикасы	dominikan respublikası
Roménia (f)	Румыния	rumınija

Rússia (f)	Россия	rossija
Senegal (m)	Сенегал	senegal
Sérvia (f)	Сербия	serbija
Síria (f)	Сирия	sirija
Suécia (f)	Швеция	ʃvetsija
Suíça (f)	Швейцария	ʃvejtsarija
Suriname (m)	Суринам	surinam

Tailândia (f)	Таиланд	tailand
Taiwan (m)	Тайвань	tajvanʲ
Tajiquistão (m)	Тажикистан	tadʒikistan
Tanzânia (f)	Танзания	tanzanija
Tasmânia (f)	Тасмания	tasmanija
Tunísia (f)	Тунис	tunis
Turquemenistão (m)	Туркмения	turkmenija

Turquia (f)	Түркия	tyrkija
Ucrânia (f)	Украина	ukraina
Uruguai (m)	Уругвай	urugvaj
Uzbequistão (f)	Өзбекистан	øzbekistan
Vaticano (m)	Ватикан	vatikan
Venezuela (f)	Венесуэла	venesuela
Vietname (m)	Вьетнам	vjetnam
Zanzibar (m)	Занзибар	zanzibar

www.ingramcontent.com/pod-product-compliance
Lightning Source LLC
Chambersburg PA
CBHW070830050426
42452CB00011B/2228